13/8/2022

A DANIELA

DA UN VERO VE

CON AFFETTO

farsi un'idea

Bruno M. Mazzara

STEREOTIPI E PREGIUDIZI

il Mulino

ISBN   88-15-06002-2

Copyright © 1997 by Società editrice il Mulino, Bologna. È vietata la
riproduzione, anche parziale, con qualsiasi mezzo effettuata, com-
presa la fotocopia, anche ad uso interno o didattico, non autorizzata.

Indice

autoadempie. - B. Quali strategie per la convivenza. - Tre forme di rapporto con il diverso. - Progettare una buona interazione.

Introduzione
Due fenomeni persistenti

Nella nostra cultura i termini *pregiudizio* e *stereotipo* sono carichi di un forte significato negativo, tanto che è raro trovare chi riconosca esplicitamente di pensare o agire in base ad essi. Il loro uso più comune riguarda l'ostilità verso i gruppi etnici diversi dal proprio o verso minoranze di vario tipo, ed è in questo campo che essi hanno assunto la valenza negativa più evidente, essendo legati ai gravi fenomeni del razzismo e della discriminazione. Ma anche nella vita quotidiana, nelle relazioni tra le persone, nei giudizi che si esprimono sui più vari argomenti, si considera giusto e desiderabile riuscire a valutare le cose in maniera «oggettiva», libera appunto da pregiudizi e stereotipi. Essere soggetti ad essi viene infatti disprezzato non solo in quanto moralmente riprovevole (come nel caso del pregiudizio etnico-razziale), ma anche in quanto fallimento della razionalità, quasi una rinuncia alle proprie capacità di interpretazione corretta della realtà. Nonostante tale connotazione negativa, tuttavia, è facile notare come pregiudizi e stereotipi siano molto comuni, tanto nel rapporto con le minoranze quanto nelle valutazioni della vita quotidiana, sicché il nostro modo di pensare e di giudicare la realtà appare in definitiva decisamente meno elastico e libero di quanto ci piacerebbe che fosse.

Le scienze umane si sono interessate a fondo di questo tema, sia per la sua indubbia rilevanza sociale sia perché esso richiama almeno due questioni fondamentali che da sempre appassionano filosofi e scienziati sociali. La prima riguarda l'essenza stessa del pensiero e della conoscenza, e cioè se sia possibile arrivare a una comprensione corretta del mondo o se invece la conoscenza sia sempre un processo illusorio e imperfetto. La seconda riguarda la natura dell'essere umano, ritenuto intrinsecamente buono – e quindi ben disposto verso gli altri, sicché i sentimenti e i comportamenti negativi deriverebbero da condizioni esterne o da una cattiva organizzazione sociale – oppure intrinsecamente egoista, aggressivo e competitivo – sicché la società avrebbe in primo luogo la funzione di organizzare e in qualche modo rendere meno cruenta tale competizione.

In questo quadro, discipline come la sociologia, l'antropologia, la psicologia, e in particolare la psicologia sociale, hanno prodotto molti studi che analizzano nei dettagli i diversi tipi di pregiudizi e stereotipi, e i loro meccanismi di formazione e funzionamento. In questo volume vengono presentate le linee principali e alcuni dei risultati più interessanti di questo lavoro di ricerca.

Il testo si articola in tre capitoli: nel primo, che potremmo definire descrittivo, si punterà a chiarire la natura di pregiudizi e stereotipi, proponendo alcune possibili definizioni di questi processi, ma soprattutto osservando la loro espressione nei diversi contesti e rispetto ai diversi gruppi sociali; nel secondo si presenteranno alcune delle spiegazioni che sono state date, senza scendere in dettagli di interesse più specialistico, ma fornendo tuttavia elementi per un confronto fra le differenti interpretazioni; nel terzo si rifletterà sulle possibili applicazioni delle analisi svolte, esaminando alcune delle strategie di difesa che si possono mettere in atto per la riduzione di pregiudizi e stereotipi.

1. *Pregiudizi e stereotipi in azione*

Si potrebbe pensare che nella società moderna, caratterizzata dalla prevalenza della razionalità tecnologica e dalla sempre maggiore accettazione dei valori dell'uguaglianza, della tolleranza e della convivenza democratica, i pregiudizi e gli stereotipi siano destinati a perdere progressivamente di importanza, in quanto retaggio di un passato meno civile, simboli di sopraffazioni sociali e del prevalere delle passioni sulla ragione. Basta guardarsi intorno per scoprire che non è così, e che pregiudizi e stereotipi sono tuttora ampiamente diffusi, e in certi momenti sembrano addirittura aumentare, come si può osservare ad esempio a seguito dei recenti fenomeni migratori dal Terzo mondo verso i paesi più industrializzati. Molto spesso si può notare che pregiudizi e stereotipi si sono semplicemente adattati a convivere con i nuovi valori di razionalità e di tolleranza, e si sono trasformati da espliciti e arroganti in impliciti, nascosti o apparentemente ragionevoli; osteggiati nelle dichiarazioni di principio, vengono poi di fatto utilizzati molto più di quanto si pensi nell'agire quotidiano. È per questo che sarà utile soffermarci in primo luogo a descrivere questi fenomeni nelle loro diverse manifestazioni, esaminandone la natura e illustrandone la diffusione in diversi ambiti.

Dal punto di vista etimologico il termine pregiudizio indica un giudizio precedente all'esperienza, vale a dire un giudizio emesso in assenza di dati sufficienti. Proprio per tale carenza di validazione empirica, il pre-giudizio viene di solito considerato anche come un giudizio errato, vale a dire non corrispondente alla realtà oggettiva, anche se a rigore l'errore non è una conseguenza necessaria della mancanza di dati, così come d'altro canto l'esperienza di per sé non garantisce della bontà delle interpretazioni che si possono dare degli eventi. Questa convinzione, vale a dire l'idea che il pregiudizio costituisca non solo un giudizio preventivo all'esperienza, ma anche un giudizio errato, è tanto antica da potersi considerare parte del senso originale del termine; e in effetti, nella storia del pensiero umano l'esigenza di affermazione della verità dei fatti contro ogni forma di preconcetto si può riconoscere come una delle basi della scienza moderna, diventata dunque parte costitutiva della nostra cultura.

Basti ricordare a questo proposito la sofisticata analisi di Bacone, che agli inizi del Seicento, in termini che sembrano quelli di un moderno trattato di psicologia, fornì una classificazione degli errori o illusioni dello spirito (gli *idola mentis*) che allontanano dalla vera conoscenza del mondo, e che devono essere eliminati affinché lo spirito possa predisporsi, come *tabula rasa*, alla scrittura della realtà.

Innanzitutto gli errori tipici del genere umano in quanto tale (gli *idola tribus*), quali ad esempio il credere che il mondo funzioni secondo un'armonia e una regolarità superiori a quelle che in realtà vi si trovano (quello che oggi chiamiamo il bisogno di coerenza e di uniformità); la tendenza a immaginare sempre cause finali per gli eventi; il lasciarsi influenzare dai dati più evidenti, da quelli che con più forza agiscono sulla nostra immaginazione, o che sono corrispondenti ai nostri bisogni (il moderno concetto di *salienza*); la sistematica tendenza a scegliere, tra i dati di esperienza, quelli che confermano le nostre opinioni e a tralasciare quelli che le confutano; e in generale il lasciarsi influenzare nelle valutazioni dei fatti da sentimenti, speranze, timori. Come si vede, si tratta in pratica di una sorprendente anticipazione di quelli che oggi si definiscono gli errori cognitivi, su alcuni dei quali torneremo in seguito, e che costituiscono uno dei punti qualificanti della spiegazione psicologica del pregiudizio.

Vi sono poi errori che sono caratteristici del singolo individuo (gli *idola specus*) che derivano dalla storia personale di ognuno, dalle sue disposizioni e dalla sua educazione, e dunque anche, in certa misura, da casi fortuiti (diremmo oggi i tratti di personalità e i percorsi di socializzazione): c'è chi resta alla superficie delle cose e chi le approfondisce, chi tende a preferire il nuovo e chi il vecchio, chi cerca gli elementi costitutivi e chi osserva i fenomeni nel loro insieme, chi cerca le somiglianze e chi le differenze. Da ciascuno di questi modi di essere deriva un particolare modo di guardare ai dati di realtà, e dunque una particolare distorsione dei dati stessi.

Ancora, vi sono errori che discendono dalle consuetudini di interazione tra gli uomini, e in primo luogo dal linguaggio (gli *idola fori*): le parole, create per la necessità di comunicare e adeguate spesso ai bisogni e alle capacità delle menti meno fini, una volta esistenti possono diventare impedimento alla vera conoscenza, in quanto innalzano confini e barriere artificiali fra le cose, tanto che anche le menti più capaci ne restano invischiate.

Infine vi sono errori che derivano dalla tradizione e dalle false teorie del passato (chiamati *idola theatri* perché corrisponderebbero a favole e miti): una volta consolidate, le tradizioni di pensiero hanno la tendenza a imporre le proprie spiegazioni, e devono essere soppiantate dal metodo scientifico sperimentale se si vuole arrivare a un vero progresso della conoscenza.

Il pregiudizio nelle scienze sociali. Ci siamo soffermati in particolare su Bacone, che fra i filosofi è quello che più esplicitamente propone un'analisi delle barriere che impediscono una conoscenza corretta della realtà, e dunque dei pregiudizi in quanto errori di valutazione. Ma in pratica questo tema è comune a tutti i grandi fondatori del pensiero scientifico moderno: da Galileo a Spinoza a Vico, una delle questioni cruciali che sono state affrontate è quella della natura della conoscenza, tesa tra realtà oggettiva, dimensione soggettiva e dinamiche storico-sociali.

Quando le nascenti discipline sociali hanno cominciato a studiare il pregiudizio, esso aveva dunque già incorporato il significato aggiuntivo di idea errata e ostacolo alla vera conoscenza. Le discipline sociali vi aggiunsero due ulteriori specificazioni, anch'esse non contenute nel senso originale del termine, ma poi divenute parte integrante del suo uso comune: la prima riguarda il fatto che il pregiudizio si riferisca non tanto a fatti ed eventi, quanto piuttosto a specifici gruppi sociali; la seconda che tale pregiudizio sia di solito sfavorevole, nel senso che l'errore di valutazione tenderebbe più a penalizzare che non a favorire l'oggetto del giudizio stesso.

Entrambe tali specificazioni di significato servono a salvaguardare l'utilità del concetto di pregiudizio per la comprensione di fenomeni socialmente rilevanti, cioè di fenomeni che possono avere serie conseguenze negative nei rapporti di convivenza fra gli esseri umani.

È vero, infatti, che anche le valutazioni e i giudizi che ogni giorno esprimiamo non su gruppi sociali, ma sul corso degli avvenimenti, sulle relazioni interpersonali, sugli eventi della vita quotidiana, sono per la maggior parte espressi senza il sostegno di continue conferme empiriche, e dunque sono anch'essi in qualche modo dei pre-giudizi. Ciascuno di noi agisce e pensa in funzione di suoi precisi orientamenti valutativi, culturali, ideologici, rispetto ai quali può essere più o meno elastico, ma dai quali non può mai liberarsi del tutto, e che condizionano in maniera spesso pesante le sue scelte. Ma allora anche ogni preferenza sistematica, ad esempio quella che ci spinge a vedere o meno un certo tipo di film oppure a visitare o meno certi tipi di mostre d'arte, potrebbe rientrare nella categoria dei pre-giudizi; e lo stesso varrebbe per le preferenze di rapporto interpersonale, che ci portano spesso a valutare in maniera differenziata le azioni e le opinioni delle persone a seconda della nostra disposizione più o meno favorevole verso di loro. In questa prospettiva si potrebbe dire che il più grande dei pre-giudizi sia... l'amore, che ci spinge con tanta forza a esaltare i pregi e ignorare i difetti delle persone amate.

È chiaro però che in questo modo il concetto si allarga troppo, e dunque si vanifica: se tutto è pregiudizio allora niente lo è davvero, e in definitiva esso finisce per essere considerato come una condizione naturale e non modificabile dell'essere umano. In questo senso l'utilizzazione prevalente del termine con riferimento specifico ai giudizi espressi nei confronti di determinati gruppi serve a salvaguardare la sua rilevanza culturale e sociale, e a sostenere le strategie di riduzione e controllo.

Di pari rilevanza è anche l'altra specificazione del concetto, vale a dire il fatto di essere utilizzato per indicare una disposizione negativa piuttosto che una positiva verso un certo oggetto. Anche in questo caso, è pur vero che forse i pregiudizi positivi sono altrettanto numerosi e forti di quelli negativi, e che d'altro canto il pregiudizio negativo è spesso complementare a un pregiudizio positivo, nel senso che, ad esempio, la considerazione negativa dei gruppi diversi dal proprio si basa su una considerazione esageratamente positiva di quello al quale si appartiene. Tuttavia ancora una volta è evidente che sono i pregiudizi negativi a porre i più grossi problemi sociali, raggiungendo le proporzioni a volte tragiche che conosciamo. È dunque comprensibile che si concentri l'attenzione proprio su di essi.

Una definizione di pregiudizio. In sintesi, dunque, si possono dare del pregiudizio diverse definizioni, a seconda del livello di generalità o di specificità che si decide di assumere. Il massimo livello di generalità corrisponde al significato etimologico, vale a dire *giudizio precedente all'esperienza o in assenza di dati empirici*, che può intendersi quindi come più o meno errato, orientato in senso favorevole o sfavorevole, riferito tanto a fatti ed eventi quanto a persone o gruppi. Al massimo livello di specificità, invece, si intende per pregiudizio *la tendenza a considerare in modo ingiustificatamente sfavorevole le persone che appartengono ad un determinato gruppo sociale.* Ad entrambe le accezioni, poi, si associa quasi sempre anche l'idea che il pregiudizio non si limiti alle valutazioni rispetto all'oggetto, ma sia in grado di *orientare concretamente l'azione* nei suoi confronti.

In questo libro si userà prevalentemente l'accezione più specifica e ristretta di pregiudizio, per le ragioni che si sono dette; occasionalmente però sarà utile, per completezza di esposizione, far riferimento anche a forme in qualche modo più generali (e dunque in qualche misura più neutre) di pregiudizio, nel confronto con le quali può emergere con più chiarezza il significato di denuncia sociale contenuto nell'accezione più specifica.

Che cos'è lo stereotipo

Il concetto di stereotipo è in apparenza più semplice, dal momento che la sua origine è meno antica e il suo uso abbastanza univoco. Infatti, mentre il concetto di pregiudizio è passato alle scienze sociali dopo un lungo periodo di maturazione nell'ambito del pensiero filosofico ed è ormai ampiamente penetrato nel senso comune, quello di stereotipo al contrario nasce, nel senso in cui oggi lo si usa, direttamente nelle scienze sociali e trova in esse fin dall'inizio una sua precisa ed esplicita connotazione.

Il termine proviene in realtà dall'ambiente tipografico, dove fu coniato verso la fine del Settecento per indicare la riproduzione di immagini a stampa per mezzo di forme fisse (dal greco stereòs = rigido e tùpos = impronta). Il primo uso traslato viene effettuato in ambito psichiatrico, con riferimento a comportamenti patologici caratterizzati da ossessiva ripetitività di gesti ed espressioni. L'introduzione nelle scienze sociali si deve a un giornalista, Walter Lippmann, che nel 1922 pubblicò un volume molto interessante e innovativo sui processi di formazione dell'opinione pubblica. Raccogliendo anche in questo caso una tradizione filosofica antica, egli sostiene che il rapporto conoscitivo con la realtà esterna non è diretto, bensì mediato dalle immagini mentali che di quella realtà ciascuno si forma, in ciò fortemente condizionato appunto dalla stampa, che andava allora assumendo i connotati moderni della comunicazione di massa. Secondo Lippmann, tali immagini mentali, che costituiscono una sorta di pseudo-ambiente con il quale di fatto si interagisce, hanno la caratteristica di essere delle semplificazioni spesso grossolane e quasi sempre molto rigide (gli stereotipi appunto), per la semplice ragione che la mente umana non è in grado di comprendere e trattare l'infinita varietà di sfumature e l'estrema complessità con le quali il mondo si presenta.

Pur con tutti i limiti che gli derivano dal non essere né un filosofo né uno scienziato sociale, Lippmann ebbe il merito di anticipare alcuni punti essenziali che saranno al centro anche delle analisi moderne e sui quali avremo occasione di tornare. Innanzitutto il fatto che questo processo di semplificazione della realtà non avviene in modo accidentale né per un'arbitraria scelta individuale, bensì secondo modalità che sono stabilite culturalmente: gli stereotipi fanno parte della cultura del gruppo e come tali vengono acquisiti dai singoli e utilizzati per una efficace comprensione della realtà. Inoltre vi è la consapevolezza che gli stereotipi svolgono per l'individuo una funzione di tipo difensivo: contribuendo al mantenimento di una cultura e di determinate forme di organizzazione sociale essi garantiscono all'individuo la salvaguardia delle posizioni da lui acquisite. E ancora, vanno segnalate alcune brillanti intuizioni circa le modalità di funzionamento degli stereotipi: il loro effetto più importante sta nell'orientare la ricerca e la valutazione dei dati di esperienza, i quali vengono di fatto alterati, a partire dal momento stesso della loro percezione da parte degli organi di senso, in funzione degli stereotipi correnti. Una delle conseguenze di questo fatto è peraltro il riprodursi degli stereotipi stessi, dal momento che le eventuali informazioni che li contraddicono vengono ignorate o neutralizzate in svariati modi.

Già da questi primi cenni si può comprendere come il concetto di stereotipo risulti strettamente connesso con quello di pregiudizio. In pratica esso costituisce quello che possiamo indicare come il *nucleo cognitivo del pregiudizio*, vale a dire l'insieme degli elementi di informazione e delle credenze circa una certa categoria di oggetti, rielaborati in un'immagine coerente e tendenzialmente stabile, in grado di sostenere e riprodurre il pregiudizio nei loro confronti. Per questo motivo i concetti di stereotipo e pregiudizio vengono spesso addirittura identificati; e di fatto buona parte della ricerca che si è svolta sul tema del pregiudizio si è indirizzata a descrivere gli stereotipi correnti e a esaminarne le modalità di funzionamento, con speciale riguardo alla loro capacità di orientare la percezione dei dati della realtà in direzione appunto del pregiudizio.

Alcune caratteristiche dello stereotipo. Come per il pregiudizio complessivamente inteso, anche per lo stereotipo si può distinguere un'accezione più generale e più neutra da una più specifica e più socialmente connotata. La prima fa riferimento essenzialmente alla natura dei processi mentali e al loro modo tipico di funzionare, e dunque si applica anche a oggetti non sociali e può avere valenza sia positiva che negativa. La seconda accezione, invece, pur partendo come la prima dalla necessità per la mente di organizzare e selezionare le informazioni al fine di disporre di idee semplificate e stabili delle diverse categorie di oggetti, si interessa in particolare delle immagini relative ai gruppi sociali e in special modo di quelle negative. In tal modo il concetto di stereotipo permette di cogliere l'insieme delle caratteristiche negative attribuite in determinati contesti a certi gruppi sociali, quasi sempre minoranze in qualche modo svantaggiate.

Per capire a fondo le modalità concrete di funzionamento degli stereotipi sociali occorre però tener conto anche di alcune altre variabili rispetto alle quali si possono distinguere sia gli stereotipi relativi ai diversi gruppi sociali, sia anche le diverse teorie interpretative, nel senso che certe spiegazioni sottolineano in modo più forte di altre alcuni degli aspetti in questione.

La prima variabile è il grado di *condivisione sociale* degli stereotipi, vale a dire la misura in cui una certa immagine, nel caso specifico negativa e relativa a un gruppo sociale definito, viene condivisa da un altro gruppo sociale, o risulta comunque abbastanza comune nell'ambito di una certa cultura. In altre parole, lo stereotipo relativo a un gruppo può risultare più ampiamente diffuso di quello relativo a un altro gruppo, che potrebbe invece essere condiviso solo da determinati sottoinsiemi di persone. A loro volta le teorie interpretative si distinguono per l'enfasi che assegnano a questa dimensione come elemento in qualche modo costitutivo dello stereotipo: per alcune infatti anche lo stereotipo, come il pregiudizio, può essere considerato (e dunque rilevato) quale tendenza tipica dei singoli individui, ciascuno dei quali elabora i propri stereotipi e se ne lascia influenzare in maniera più o meno marcata; secondo altre teorie, invece, perché si possa parlare di stereotipi è indispensabile un certo livello di condivisione sociale, e il livello individuale di pregiudizio, vale a dire il modo in cui il pregiudizio si rivela nel singolo, può essere considerato proprio la misura in cui egli condivide alcuni stereotipi negativi presenti nella sua cultura.

La seconda variabile è il livello di *generalizzazione*, vale a dire il fatto di ritenere che le caratteristiche negative attribuite al gruppo oggetto dello stereotipo siano più o meno omogeneamente distribuite in quel gruppo. Data cioè una certa immagine negativa del gruppo si può essere convinti che pressoché tutti gli individui di quel gruppo possiedano tali caratteristiche nella stessa misura, oppure ritenere che vi siano molte eccezioni, sicché occorre stabilire di volta in volta se l'individuo che si ha di fronte corrisponde o meno allo stereotipo. Anche rispetto a questa seconda variabile si possono distinguere tra loro i diversi stereotipi, nel senso che quello relativo a un gruppo può essere più o meno monolitico di quello relativo a un altro gruppo; ma è possibile distinguere anche le diverse teorie nel senso che, alcune più di altre, ritengono essenziale, affinché si possa parlare di stereotipo, che il gruppo bersaglio sia percepito come omogeneo.

Un'ultima variabile, anch'essa in grado di distinguere sia gli stereotipi relativi ai diversi gruppi sia le diverse teorie interpretative, riguarda la maggiore o minore *rigidità* degli stereotipi stessi: si può ritenere che essi siano difficilmente mutabili, in quanto profondamente ancorati nella cultura o nella personalità, oppure si può considerarli come fenomeni contingenti, tutto sommato facilmente eliminabili una volta che se ne siano individuate le cause e che si abbia la volontà di farlo.

Una definizione di stereotipo. In sintesi, come per il pregiudizio, anche per lo stereotipo le definizioni che si possono dare dipendono dalla scelta che si compie rispetto alle variabili cui si è fatto cenno. Si può così andare da una definizione molto generale, che considera lo stereotipo semplicemente come l'*in-*

sieme delle caratteristiche che si associano a una certa categoria di oggetti, a definizioni più specifiche che delimitano il campo ai *gruppi sociali* e agli stereotipi *negativi*, ma che includono anche elementi quali l'ampiezza di *condivisione*, l'*omogeneità* percepita del gruppo-bersaglio e la relativa *rigidità* e resistenza al mutamento dello stereotipo.

Nel libro si farà riferimento prevalentemente alla seconda accezione, considerando lo stereotipo quale *insieme coerente e abbastanza rigido di credenze negative che un certo gruppo condivide rispetto a un altro gruppo o categoria sociale*, anche se spesso risulterà utile un esame dei processi psicologici che sono alla base dello stereotipo, e che dunque sono all'opera anche in casi più generali. Ricordando poi che abbiamo definito il pregiudizio come la tendenza a pensare (e agire) in modo sfavorevole nei confronti di un gruppo, possiamo a questo punto aggiungere che tale disposizione sfavorevole poggia sulla convinzione che quel gruppo o categoria possieda in maniera abbastanza omogenea tratti che si giudicano negativi. È in questo senso che, come si è detto, lo stereotipo può essere concepito come il *nucleo cognitivo* del pregiudizio.

Le manifestazioni concrete di pregiudizi e stereotipi

Possiamo ora passare, come annunciato, ad alcune esemplificazioni dei pregiudizi e degli stereotipi diffusi nella nostra società. La rassegna che proponiamo, pur non potendosi considerare esaustiva, tuttavia segnala gli ambiti in cui è più evidente e più abituale il ricorso a pregiudizi e stereotipi, nonché quelli sui quali si è maggiormente concentrata l'attenzione delle discipline sociali. Verranno con l'occasione presentati anche alcuni dei risultati che sono stati raggiunti in questo campo, senza peraltro soffermarsi su descrizioni e riferimenti bibliografici dettagliati, per i quali si rinvia ai testi introduttivi indicati nel capitolo *Per saperne di più*. A questo proposito va rilevato che buona parte delle riflessioni delle discipline sociali su questo tema sono state elaborate con riferimento a realtà abbastanza diverse dalla nostra, e in particolare al contesto nordamericano; laddove questo scarto rischia di essere più evidente esso sarà opportunamente evidenziato.

La panoramica consentirà di verificare sul campo le definizioni fornite, ma consentirà anche di aggiungere valutazioni rispetto a tre questioni intorno alle quali si discute spesso quando si parla di pregiudizi e stereotipi.

La *prima* questione riguarda quello che possiamo definire il *livello di specificità* di questi concetti, vale a dire il fatto che essi possano essere usati per descrivere fenomeni diversi, e ciò sia rispetto alla possibile distinzione tra i due processi (cioè la differenza fra il pregiudizio e lo stereotipo), sia soprattutto con riferimento ai diversi gruppi sociali cui essi si applicano.

Da parte di molti si ritiene infatti che si possa parlare di un fenomeno unico, sia pure espresso in forme diverse e con diversa intensità; in questa prospettiva la stessa distinzione tra pregiudizio e stereotipo perde di importanza, e si tende spesso a usare i due concetti in maniera quasi intercambiabile. Ma soprattutto risulta poco rilevante il gruppo sociale al quale essi si applicano: ad esempio, il pregiudizio contro gli ebrei e quello nei confronti degli immigrati potrebbero essere considerati, al di là della loro specifica caratterizzazione storico-sociale, l'espressione di una comune disposizione negativa nei confronti dell'altro e del diverso.

Dall'altra parte troviamo invece quanti ritengono che le differenze fra le diverse manifestazioni del pregiudizio e degli stereotipi siano tali da rendere inutile se non fuorviante il parlarne in termini generali. Nell'esempio fatto, il pregiudizio nei confronti degli ebrei e quello verso gli immigrati, essendo riconducibili a cause sociali, economiche, politiche molto diverse, e rispondendo perfino, secondo alcuni, anche a differenti motivazioni psicologiche profonde, sarebbero da considerarsi come fenomeni sostanzialmente differenti. Ed è per ciò che in questa prospettiva si tende non solo a sottolineare la distinzione tra pregiudizio e stereotipo, ma anche a usare di solito questi termini al plurale: non *il pregiudizio* ma *i pregiudizi*, ciascuno con le proprie caratteristiche legate alla propria specificità.

Tale dibattito risulta interessante anche perché finisce per assumere connotati di tipo sociopolitico in relazione a un altro punto caldo della discussione, sul quale avremo occasione di tornare, vale a dire la contesa circa la presunta naturalità e dunque inevitabilità di pregiudizi e stereotipi: laddove infatti si riconducano questi fenomeni, anche a prescindere dal loro oggetto, a un unico processo diviene più plausibile ipotizzarne una comune origine in caratteristiche tipiche della mente umana o della vita organizzata in quanto tale, mentre laddove si sottolineino le differenti cause di tipo storico e sociale diviene più evidente il loro carattere contingente, legato a un determinato sistema di rapporti che può essere denunciato e modificato.

La *seconda* questione spesso ricorrente è quella del cosiddetto *nocciolo di verità* di stereotipi e pregiudizi: si sostiene infatti da più parti che l'errore consista non tanto nell'attribuire in maniera arbitraria certe caratteristiche a certi gruppi sociali, bensì nel fatto di esagerare alcuni tratti che effettivamente caratterizzerebbero quei gruppi, generalizzando in maniera eccessiva e troppo rigida, ma appoggiandosi in definitiva a quello che si può definire appunto un nocciolo di verità. Anche su questo argomento il giudizio ultimo, soprattutto con riferimento alle possibilità di riduzione e controllo di pregiudizi e stereotipi, è tutt'altro che semplice.

Da un lato è infatti evidente che considerare gli stereotipi in qualche modo fondati e veritieri, seppur esagerati, rischia di offrire un supporto alle diverse forme di discriminazione sociale che sugli stereotipi stessi si basano; e inoltre è facile osservare che il cosiddetto nocciolo di verità, pur ammesso che esista, difficilmente può essere imputato a caratteristiche proprie, quasi biologiche, del gruppo considerato, ma è piuttosto l'esito di dinamiche socioculturali, che sono spesso il risultato proprio della diffusione e della universale accettazione, anche da parte degli interessati, degli stereotipi in questione.

Dall'altro lato si obietta che una efficace lotta alle generalizzazioni e alle esasperazioni delle differenze non può non partire da una conoscenza e da un'accettazione serena di tali differenze, senza la quale i buoni propositi egualitari rischiano di essere travolti dalla scoperta che nella vita reale le differenze di fatto esistono. Argomento centrale di questa posizione è che il riconoscimento della differenza non deve necessariamente tradursi in una svalutazione, e che dunque diverso non significa automaticamente inferiore; si sostiene, al contrario, che proprio a partire dal riconoscimento delle differenze, e dunque anche di un qualche nocciolo di verità degli stereotipi, si può operare al meglio per opporsi allo sfruttamento a fini di oppressione sociale delle stesse differenze e ottenere che esse invece si traducano in arricchimento collettivo.

La *terza* questione, forse la più importante, riguarda il rapporto fra i pregiudizi e gli stereotipi in quanto fenomeni psicoculturali e il complesso delle *variabili di tipo sociale, economico, storico e politico* che sono alla base della discriminazione e dell'ostilità fra appartenenti a gruppi, categorie, etnie, nazioni diverse. È un punto sul quale torneremo spesso, ma su cui è opportuno fare subito chiarezza. È evidente infatti che sarebbe un grave errore pretendere di spiegare questioni gravi come la discriminazione di gruppi minoritari o la conflittualità interetnica solo in chiave di pregiudizi e stereotipi, ignorando il complesso delle dinamiche storico-sociali cui essi sono collegati; ma è altrettanto chiaro che non si possono comprendere a fondo questi fenomeni, e soprattutto che non si riesce a intervenire in maniera efficace, se non si conoscono le modalità con cui essi di fatto si realizzano nelle interazioni quotidiane e nello spazio vitale di ognuno, e dunque se non si conoscono le strategie psicosociali che vengono messe in atto da parte di tutti i protagonisti, cioè sia da chi agisce che da chi subisce le discriminazioni.

Purtroppo le spiegazioni di tipo storico-sociale e quelle di tipo psicoculturale non hanno sempre interagito fra di loro, come sarebbe auspicabile. Esse infatti vengono spesso presentate non solo quali punti di vista distinti, come è giusto che sia per un'ovvia esigenza di specializzazione disciplinare, ma anche quali spiegazioni conflittuali e inconciliabili, quasi che il sottolineare le cause psicoculturali dei fenomeni debba necessariamente tradursi in una sottovalutazione di quelle storico-sociali e viceversa. È per questo motivo che nel corso della nostra panoramica dei più diffusi pregiudizi e stereotipi ci soffermeremo quando possibile a sottolineare la necessità·di utilizzare in maniera complementare i due punti di vista, nella convinzione che solo in questo modo sia possibile pervenire a una più completa ed efficace conoscenza di fenomeni così· complessi.

La questione femminile

I pregiudizi e gli stereotipi legati al genere, che tendono a penalizzare e discriminare le donne rispetto agli uomini, sono tuttora molto attivi, nonostante le ormai secolari battaglie per l'uguaglianza e per una reale parità dei sessi.

Una società ancora maschilista. La società occidentale moderna, che pure è una delle più avanzate al riguardo dato che, almeno dal punto di vista formale, la discriminazione delle donne non solo non è ammessa ma è anche ufficialmente combattuta, può tuttavia ancora considerarsi come una società a predominanza maschile, nella quale le regole della convivenza sono costruite a vantaggio e a misura dell'uomo. Per rendersene conto basta osservare la struttura dell'occupazione: la percentuale di donne occupate è più bassa di quella degli uomini; esse sono distribuite di preferenza in un numero più ridotto di professioni, e il loro numero è inversamente proporzionale al livello gerarchico; in particolare la loro presenza è ancora marginale nella vita pubblica e nelle posizioni di alta responsabilità. In compenso su di esse grava ancora la maggior parte del peso dell'allevamento dei figli, dell'assistenza agli anziani, e in generale della conduzione delle famiglie, secondo la più classica delle divisioni dei ruoli: all'uomo la produzione e la competizione, alla donna la cura del focolare e la riproduzione della vita.

A ciò corrisponde una forte sottovalutazione del ruolo sociale delle donne. Per averne prova si sfogli un qualsiasi quotidiano contando il numero di donne e di uomini che vengono nominati o di cui si riportano le opinioni, ed esaminando il contesto in cui donne e uomini sono citati. La situazione appare rovesciata se invece si analizza la pubblicità: in quel caso la donna appare molto evidente nel doppio ruolo di promotrice dei consumi familiari e di sollecitazione erotica dei consumi più tipicamente maschili. Anche quest'ultimo aspetto, nonostante anni di contestazioni e denunce, è rimasto nella sostanza immutato: osservando ad esempio il modo in cui donne e uomini vengono ripresi in televisione si nota che per gli uomini è più frequente il primo piano, che mette in risalto il volto e quello che l'interessato dice, mentre per le donne è più frequente il campo medio, che sposta l'attenzione sull'intero corpo.

Eppure, come si diceva, grandi sforzi sono stati pure fatti, specie a seguito delle giuste rivendicazioni dei vari movimenti per la parità; si pensi alle diverse iniziative anche legislative, agli osservatori e alle commissioni nazionali, e alla sempre più diffusa (e per certi aspetti contestata) politica delle quote, per la quale, come per altri gruppi svantaggiati, si tende a riservare alle donne un certo numero di posti direttivi e di responsabilità.

Una significativa battaglia è stata avviata anche sul fronte di uno dei mediatori più sottili e pericolosi della subordinazione femminile, vale a dire il linguaggio, dove il genere maschile viene ancora spesso adoperato, nelle espressioni ambivalenti, per indicare entrambi i sessi. In Italia questo specifico fronte di innovazione è ancora poco sviluppato, sia per ragioni culturali sia per caratteristiche specifiche della lingua, la quale, prevedendo le concordanze di genere anche per articoli, aggettivi e verbi, rende molto più difficoltoso un linguaggio neutro. Nei paesi di lingua anglosassone, invece, dove spesso ci si può limitare a intervenire sul soggetto della proposizione, è ormai considerata una scorrettezza usare il maschile per indicare entrambi i generi: ad esempio, per introdurre una proposizione il cui soggetto non sia definito si usa abitualmente la formula *he or she*, e di norma il suffisso *-man* indicante funzioni o professioni viene sostituito con espressioni ambivalenti (*chairperson* invece di *chairman* per indicare il conduttore di una sessione in un congresso scientifico; *firefighters* invece di *firemen* per indicare i vigili del fuoco, e così via).

Se nelle società occidentali esiste almeno una larga coscienza del problema e diversi sforzi sono stati avviati per favorire la parità, esistono altre società e altre culture in cui prevalgono usanze e codici del tutto diversi, che ancora penalizzano fortemente la donna negandole libertà, ruolo sociale e perfino violandone l'integrità fisica. Si pensi ad esempio alle diverse pratiche di mutilazione degli organi genitali femminili che in diverse culture vengono tuttora imposte come condizione di normalità e accettabilità della donna da parte dell'uomo.

Ma oltre a questi casi estremi, vanno citate altre usanze gravemente lesive della libertà personale e della dignità morale della donna. Un esempio per tutti è la condizione della donna nelle società islamiche, specie quelle caratterizzate da radicalismo e fondamentalismo. In esse la donna è in una situazione di formale oltre che sostanziale inferiorità: non può muoversi liberamente senza il consenso del marito o dei fratelli, non può scegliere il proprio sposo e può essere da questi ripudiata con facilità, non partecipa alla vita pubblica, nei processi la sua testimonianza vale meno di quella degli uomini, il volto velato è spesso il segno della sua subordinazione, e in alcuni casi essa deve perfino, in pubblico, procedere qualche passo dietro il proprio uomo-padrone.

Il ruolo di pregiudizi e stereotipi nella questione femminile. Il fatto che la questione femminile sia tutt'altro che risolta, nonostante la diffusa consapevolezza e le molte iniziative per la parità, è dovuto a un complesso intreccio di cause che sono di natura ideologica e culturale, ma anche storica, sociale ed economica, delle quali non possiamo certamente occuparci in questa sede. Quello che possiamo fare, invece, è riflettere su come la subordinazione femminile si appoggi comunque per la sua riproduzione anche sulla larga diffusione di una certa immagine delle donne e degli uomini, immagini che hanno tutte le caratteristiche dello stereotipo così come l'abbiamo definito; e possiamo affermare che complessivamente il peso dei pregiudizi e degli stereotipi appare più evidente proprio nella misura in cui, come nelle società occidentali moderne, viene meno l'ufficializzazione giuridica della subordinazione: in questo caso infatti la differenza tende a essere mantenuta con mezzi più sottili, che fanno salvo l'aspetto formale ma garantiscono la sostanza della relazione di potere.

Quali siano gli elementi costitutivi degli stereotipi di genere è noto, essendo patrimonio del senso comune confermato peraltro da innumerevoli ricerche. Le donne sono percepite come più emotive, gentili, sensibili, dipendenti, poco interessate alla tecnica, curate nell'aspetto, «naturalmente» disposte alla cura; gli uomini al contrario sono percepiti come aggressivi, indipendenti, orientati al mondo e alla tecnica, competitivi, fiduciosi in se stessi, poco emotivi.

Si tratta, come si vede, esattamente delle caratteristiche appropriate per sostenere il ruolo sociale che ai due sessi viene riservato: il maschio dominante e orientato all'esterno; la femmina dominata e ripiegata su se stessa e sulla casa. Da notare che questo tipo di immagine risulta spesso condivisa non solo dagli uomini, ma anche da gran parte delle donne, secondo un meccanismo che vedremo essere molto tipico degli stereotipi; esse fanno resistenza, almeno al livello cosciente e come programma rivendicativo, rispetto all'uso dello stereotipo da parte degli uomini come strumento di dominio, ma condividono nella sostanza alcuni tratti costitutivi della differenza tra maschi e femmine. E qui può rientrare il tema del cosiddetto nocciolo di verità degli stereotipi, e la discussione può allargarsi da un lato alle determinanti anche biologico-evolutive della differenza tra i sessi e dall'altro ai processi di socializzazione che a partire dalla più tenera età fanno in modo che il maschio e la femmina si adattino fin nel profondo delle disposizioni personali a ricoprire i ruoli che sono ad essi assegnati.

Rispetto a tutto ciò, lo studio degli stereotipi dal punto di vista delle discipline psicologiche e sociali può illustrare alcuni punti che, pur non esaurendo come si è detto l'intera questione, tuttavia forniscono utili indicazioni per la comprensione del fenomeno, e sui quali torneremo: il tema della riproduzione degli stereotipi e di come essi riescano a mantenere nel tempo pressoché inalterate le proprie caratteristiche; la loro capacità di condizionare la conoscenza interponendo una sorta di filtro alla raccolta delle informazioni, in modo che vengono percepite maggiormente le informazioni che confermano lo stereotipo; il modo in cui viene forzata, nella percezione, l'omogeneità dei due gruppi, ma soprattutto di quello femminile; come lo stereotipo si radichi nella stessa struttura della comunicazione interpersonale e come sia in grado di condizionare i fondamentali processi di formazione dell'identità personale e sociale; come esso possa assumere forme diverse e sottili, e perciò difficilmente contrastabili.

Si tratta del campo nel quale pregiudizi e stereotipi sono forse più diffusi, tanto che spesso si usa il termine pregiudizio, senza ulteriori specificazioni, proprio per indicare quello diretto contro le minoranze etniche. E anche in questo caso è evidente l'intreccio fra i processi sociostrutturali, quelli culturali e quelli psicologici: sarebbe sbagliato infatti ridurre il fenomeno del razzismo a un problema di pregiudizio individuale o di errata percezione dell'altro, ignorando secoli di oppressioni e discriminazioni, la tensione epocale tra nord e sud del mondo con i colossali flussi migratori in atto, e il fatto che l'intera nostra cultura è permeata, come e più di altre, di un prepotente senso di superiorità nei confronti delle altre culture ritenute arretrate e meno civili; ma per una comprensione piena del fenomeno occorre far riferimento anche al modo in cui la distanza e l'ostilità fra diversi si esprimono nella vita quotidiana e dunque nelle concrete manifestazioni della relazione tra diversi, coniugando le esigenze proprie del sistema cognitivo, i tratti della cultura di appartenenza e i vincoli di un certo sistema di rapporti sociali.

Dal vecchio al nuovo razzismo. In tale intreccio di variabili, e con la consapevolezza della grande rilevanza sociale del tema, le discipline sociali e psicologiche hanno scavato a fondo, e si può osservare anzi che proprio intorno al tema della diversità fra gli uomini esse hanno costruito e affinato, nei decenni a cavallo del secolo, una parte consistente dei propri strumenti teorici e metodologici. Da questa grande massa di riflessioni e ricerche, condotte per la maggior parte in contesti di antica convivenza interetnica e in particolare negli Stati Uniti, un dato appare in maniera inequivocabile: che si è assistito a una progressiva sensibile riduzione del pregiudizio manifesto e dell'avversione esplicita nei confronti degli appartenenti a minoranze etniche, ma che tale ostilità sopravvive in forme mascherate e sottili, adatte a convivere con i valori universalmente accettati di tolleranza ed eguaglianza.

Ancora agli inizi degli anni '60 un quarto della popolazione degli Stati Uniti si pronunciava per la segregazione razziale nelle scuole, e il 60% dichiarava che non avrebbe votato per la Presidenza un candidato nero che fosse stato proposto dal proprio partito. Oggi pochi assumono in maniera esplicita posizioni di intolleranza razziale, e anzi il valore della uguaglianza, che esclude ogni riferimento all'appartenenza etnica, è elemento costitutivo di quella correttezza politica formale che da alcuni anni domina, in modi a volte anche ossessivi, tanto la vita pubblica quanto le relazioni interpersonali. Tale trasformazione si può osservare anche nel linguaggio, a partire dai termini che si usano per riferirsi alle minoranze: oggi anche il termine «nero», che aveva sostituito «negro» considerato dispregiativo, è divenuto a sua volta inopportuno, e si preferisce un più neutro riferimento all'origine geografica attraverso la locuzione *african american.*

A fronte di tali preoccupazioni formali, la situazione reale delle minoranze etniche negli Stati Uniti, così come in tutte le altre realtà multietniche, è tutt'altro che ottimale. Il processo di integrazione è di fatto fallito, sia nelle scuole che nei contesti abitativi; nell'occupazione come nella vita pubblica le posizioni occupate da membri delle minoranze sono migliori che nel passato, ma ancora lungi dal rappresentarne in modo equo il numero e le capacità; mentre, al contrario, essi sono sovrarappresentati in tutti i settori di marginalità e sofferenza sociale. E inoltre occorre notare che non tutte le minoranze hanno ricevuto le stesse attenzioni almeno formali di quelle ottenute dal gruppo, più numeroso e socialmente visibile, degli afroamericani; e che invece nei confronti di diversi gruppi più piccoli e meno potenti sono ancora presenti forme di ostilità aperta e di emarginazione consapevole.

In definitiva possiamo dire dunque che si è verificato un passaggio dalla vecchia forma esplicita e arrogante di pregiudizio, che accettava o sosteneva attivamente il razzismo, a forme più moderne e più morbide, spesso occulte ma non per questo meno pericolose, di esclusione e ostilità.

Molti sono i modi in cui questo nuovo razzismo si può manifestare. Ad esempio l'opposizione, con le più diverse motivazioni in apparenza non razziste, alle iniziative pubbliche dirette a favorire le minoranze, accompagnata di solito da un timore ingiustificato o eccessivo che esse possano costare troppo alla comunità o minacciare gli interessi del proprio gruppo. In questa prospettiva una particolare forma di nuovo razzismo è il cosiddetto *razzismo simbolico,* che tende a legittimare l'ostilità nei confronti delle minoranze in base a quegli stessi valori di uguaglianza e di libertà individuale su cui si fondano le società occidentali e in nome dei quali si sostiene la tolleranza e la lotta alla discriminazione: se siamo tutti uguali e ciascuno deve avere ciò che si merita in relazione ai suoi sforzi, non è giusto che gli appartenenti a minoranze vengano in alcun modo aiutati nella competizione sociale. L'assunto di base di questa posizione è che ormai tutti gli impedimenti formali alla libera competizione sono stati eliminati, e che quindi ogni iniziativa a favore delle minoranze (nell'occupazione, nelle abitazioni, nella sicurezza sociale) si tradurrebbe in una discriminazione a rovescio, della quale farebbero le spese i membri della maggioranza.

Un'altra forma, ancora più sottile, di nuovo pregiudizio è quello che viene definito *aversivo:* non potendo tollerare la contraddizione fra i propri valori ugualitari e l'antico, radicato sentimento di ostilità nei confronti dei diversi, l'individuo tende semplicemente a evitare il contatto con loro, limitando le interazioni o adottando, nel corso delle interazioni, condotte tali da mantenere la distanza e scoraggiare il coinvolgimento. Numerose ricerche anche di tipo sperimentale hanno mostrato che nell'interazione con neri i bianchi tendono ad assumere un comportamento non verbale diverso da quello che usano con altri bianchi, riducendo il contatto oculare, adottando toni meno amichevoli e posture più distaccate, con il risultato complessivo di un'interazione meno fluida e mediamente più breve. All'odio e all'ostilità attiva che caratterizzavano il vecchio razzismo si sostituiscono in questo caso il disagio e la fuga, che però possono avere le stesse conseguenze in termini di esclusione e discriminazione.

Ma l'espressione di pregiudizio in assoluto più diffusa, e più difficile da controllare in quanto coinvolge processi psicologici basilari, è la *distorsione nella percezione e nella valutazione* dei fenomeni che riguardano le minoranze. Si nota spesso una decisa sopravvalutazione delle difficoltà che le minoranze possono creare, sia come categoria sociale sia come singoli individui. Un tipico esempio è la sopravvalutazione della presenza delle minoranze nella criminalità e nelle devianze, e una sistematica tendenza ad attribuire ai membri delle minoranze caratteristiche e comportamenti negativi; tale tendenza è stata provata anche da numerose ricerche di tipo sperimentale: ad esempio, mostrando a dei soggetti bianchi delle scene in cui una stessa azione ambigua viene compiuta da un attore bianco oppure da un attore nero, l'azione viene giudicata come più aggressiva nel caso dell'attore nero.

Complessivamente, si può osservare una diffusa tendenza a percepire come molto marcate le differenze etniche, e a sopravvalutare il ruolo delle caratteristiche etniche come elemento causativo – nel bene e nel male – dei comportamenti delle persone. In realtà, a ben vedere, il solo fatto di sentire il bisogno di rilevare e comunicare l'informazione sull'appartenenza etnica delle persone con cui si viene in contatto è indice di un'ingiustificata sopravvalutazione di quel tratto rispetto ad altri. Ad esempio, allorché nel riferire di una nostra esperienza (positiva o negativa) con una certa persona sentiamo la necessità di aggiungere che si tratta di un nero, e non, poniamo, che si tratta di un individuo alto o magro, è segno che riteniamo il colore della pelle non un puro ininfluente accidente biologico, bensì un elemento di informazione potenzialmente ricco di significato, in grado di orientare la valutazione dell'episodio che stiamo raccontando.

Il risultato di tutto ciò è che la distanza sociale fra la maggioranza dominante e le minoranze dominate viene mantenuta, o addirittura finisce per aumentare, nonostante un oggettivo miglioramento delle opportunità e delle occasioni di interazione. È un fatto ad esempio che la maggior parte di queste interazioni resta confinata all'ambito lavorativo, e che ancora molto scarsi sono gli scambi a livello emotivo e personale. Il dato centrale al riguardo, sul quale tutte le ricerche concordano, è che i membri delle minoranze si sentono rifiutati, e percepiscono come molto basso il livello di integrazione complessivo. Sul piano istituzionale ciò si traduce in quei fenomeni di *risegregazione* che, più spesso di quanto non si creda, annullano i migliori sforzi di rendere più armoniche e realmente integrate le relazioni fra membri di gruppi e culture diverse. Il corrispettivo sul fronte delle nuove e più celate forme di ostilità verso il diverso è il cosiddetto pregiudizio (o razzismo) *differenzialista*: sottolineando il valore autonomo di ciascuna cultura, ma anche la sostanziale inconciliabilità tra le culture dovuta proprio alla differenza che esiste tra loro, si afferma che proprio per salvaguardare la ricchezza delle diversità è indispensabile che esse restino separate; ciò si traduce in una politica segregazionista o di netta chiusura alle immigrazioni.

Pregiudizio e razzismo nei contesti di nuova immigrazione. Tutti questi fenomeni sono più evidenti in quei contesti in cui la convivenza fra etnie diverse è più diffusa e più antica; e in effetti, come si è detto, gran parte dei risultati sull'argomento si riferisce alla realtà degli Stati Uniti. Ma è facile osservare come gli stessi fenomeni si ripetano in modo simile nei paesi che come l'Italia stanno conoscendo in questi anni una crescente immigrazione dal Terzo mondo o dall'Est europeo.

È pur vero che, dato il mutato clima culturale complessivo, è poco probabile che in questi paesi si passi attraverso una prima fase di ostilità aperta e di razzismo esplicito; anzi, nell'opinione pubblica tali sentimenti sono combattuti con forza, in nome dei valori dell'uguaglianza, della tolleranza, della dignità umana, ma anche di una certa disposizione soccorrevole di antica matrice cristiana. Senonché, come abbiamo visto, il pregiudizio e il razzismo possono esprimersi a livelli altrettanto alti ma in modo implicito e poco riconoscibile; e la storia di questi primi anni di relazioni interetniche in Italia è un valido campionario delle possibili forme di tale nuovo pregiudizio.

Si può notare in primo luogo una decisa sopravvalutazione del fenomeno dell'immigrazione, sia dal punto di vista quantitativo sia con riferimento alle difficoltà che essa può porre alla nostra struttura sociale. Ne deriva un'esagerata reazione di allarme e di autodifesa, la quale può anche giustificare, agli occhi di chi le compie, azioni di intolleranza e discriminazione. Quante volte abbiamo sentito ripetere l'espressione «io non sono razzista, ma...» seguita da valutazioni pseudo-oggettive che tendono a razionalizzare l'ostilità verso gli immigrati e a sostenere come inevitabili provvedimenti di fatto discriminatori, aventi come finalità ultima e comune quella di allontanarli da sé e dal proprio spazio vitale.

Anche al livello della formazione dell'opinione collettiva sull'argomento si possono riconoscere in azione i più classici meccanismi di distorsione della percezione, ovviamente a sfavore degli immigrati. Ad esempio, la tendenza ad attribuire la condizione di degrado in cui di solito gli immigrati vivono non alle difficoltà materiali in cui si trovano ma a loro caratteristiche e scelte personali; così come la tendenza a sopravvalutare il ruolo che alcuni di essi svolgono in attività criminali, che erano certamente preesistenti, svolte e dirette nella stragrande maggioranza dei casi da italiani, e nelle quali comunque gli immigrati possono finire con più facilità proprio in ragione delle precarie condizioni di vita e di lavoro.

Di fatto, la situazione in Italia, come nel resto dei paesi di più recente immigrazione, si va configurando sempre più nella direzione della segregazione e della reciproca impermeabilità. Nel migliore dei casi una condizione di non belligeranza, nella quale la diversità, lungi da porsi come fattore di arricchimento, svolge le funzioni di una barriera insormontabile. Né si può dire che si tratti di un differenzialismo illuminato, nel quale i diversi, pur non comunicando tra loro, hanno pur tuttavia uno stesso status; in Italia, come in tutti gli altri contesti di relazioni interetniche, alla diversità corrisponde una gerarchia, e gli immigrati sono percepiti come individui di categoria sociale inferiore. Di ciò forse l'esempio più evidente – e doloroso per chi crede nell'uguaglianza fra gli esseri umani – è la facilità con cui ci si rivolge a un immigrato, specie se africano, usando come pronome di indirizzo il «tu» e non il «lei», come il nostro costume prescrive nei rapporti tra sconosciuti.

I caratteri nazionali

L'importanza degli stereotipi appare evidente in un'altra espressione del pregiudizio etnico, di impatto sociale meno evidente ma che potrebbe divenire rilevante soprattutto in relazione ai processi di integrazione europea in atto: è il tema dei cosiddetti *caratteri nazionali*, su cui anche si è prodotta una considerevole mole di ricerca soprattutto negli anni passati, e che gode tuttora di una certa fortuna. L'idea di base è che i diversi gruppi nazionali siano caratterizzati da una sufficiente omogeneità dal punto di vista della sensibilità, delle attitudini, delle disposizioni comportamentali, degli orientamenti valutativi, tanto da potersi parlare appunto di uno specifico carattere tipico di quella nazione, il quale risulterebbe non solo da una comune matrice culturale, ma anche proprio dalla larga diffusione di determinati tratti psicologici. Ne derivano descrizioni sommarie delle singole nazionalità che sono fra i migliori esempi di stereotipi: insieme di credenze, spesso anche se non sempre negative, circa le caratteristiche degli appartenenti a un determinato gruppo (in questo caso definito in relazione alla nazione) tali da orientare le aspettative e gli orientamenti valutativi nei loro confronti.

I caratteri nazionali sono da sempre oggetto di attenzione non solo da parte degli scienziati sociali, ma anche da parte di scrittori e filosofi, che hanno individuato in questo tema un'occasione per riflettere sulla natura umana e sulle differenze tra gli uomini. D'altra parte essi sono patrimonio del senso comune, specie in versioni ipersemplificate e rozze, e come tali argomento di facezie e ironie. I contenuti di tali stereotipi sono noti: i tedeschi rigidi e ostinati, conformisti e deferenti verso l'autorità, amanti dell'ordine e dell'efficienza, sensibili alle ragioni del collettivo più che a quelle dell'individuo; gli inglesi riservati e controllati, formali, dotati di senso pratico e di *humor* ma privi di calore umano, attenti alle regole, individualisti e competitivi; gli italiani fantasiosi e simpatici, orientati alla comunità particolare (soprattutto la famiglia) più che al collettivo sociale, incostanti e superficiali, spontanei e sinceri, preoccupati più delle apparenze che della sostanza; i francesi insofferenti all'autorità, narcisisti e arroganti, dotati di senso estetico, interessati alla speculazione teorica più che all'esperienza, liberi nell'espressione delle emozioni; gli americani informali e spontanei, ingenui e poco creativi, di grande competenza tecnica, conformisti e subordinati, interessati ai valori dell'uguaglianza ma anche molto competitivi.

Il possibile nocciolo di verità. Il caso dei caratteri nazionali ci permette di aggiungere qualche ulteriore annotazione sul tema del cosiddetto nocciolo di verità di pregiudizi e stereotipi. Infatti se possiamo ritenere che sia un errore rapportarsi a una persona di altra nazionalità senza tener conto delle sue specifiche caratteristiche di individuo e attribuendogli invece le caratteristiche che si ritengono tipiche del suo gruppo nazionale, è altrettanto indubitabile che spesso c'è davvero un'alta probabilità di ritrovare nel nostro interlocutore almeno alcuni dei tratti tipici del suo carattere nazionale, e che dunque lo stereotipo può funzionare, in assenza di altre informazioni, come un efficace strumento di previsione e di orientamento dell'azione. Trovandoci per la prima volta a contatto con un inglese, eviteremo probabilmente situazioni imbarazzanti se ci asterremo dall'indagare sulle sue faccende personali, come magari il nostro carattere latino ci spingerebbe a fare; nell'interazione con un tedesco ci si può ragionevolmente aspettare giudizi improntati ai valori dell'ordine e della disciplina; con un francese potremmo davvero trovarci di fronte a espressioni di deciso orgoglio nazionale. Tutto ciò perché i contenuti degli stereotipi nazionali non sono del tutto arbitrari, né creati ad arte dagli avversari e dagli stranieri, ma esprimono delle tendenze che sono in certa misura reali, risultato di complesse sedimentazioni di tipo storico e culturale.

Il problema, e dunque il confine fra lo stereotipo come utile strumento di previsione e controllo della realtà e lo stereotipo quale distorsione della conoscenza e ostacolo alla interazione, sta nella esasperazione di due caratteristiche tipiche dello stereotipo stesso, delle quali abbiamo già parlato presentando il concetto nel paragrafo precedente, vale a dire la generalizzazione e la rigidità.

Ricordiamo che per generalizzazione intendiamo il processo per cui le caratteristiche considerate tipiche del gruppo sono considerate distribuite in modo omogeneo nel gruppo stesso, e dunque applicabili anche al singolo membro del gruppo con cui si interagisce; e per rigidità intendiamo la credenza che l'insieme delle caratteristiche attribuite al gruppo costituisca qualcosa di coerente, organico e soprattutto stabile nel tempo e nello spazio. Ciò che fa la differenza è il grado di intensità dei due processi: un certo livello di generalizzazione consente, in assenza di altre informazioni, di formulare comunque delle previsioni; un livello eccessivo impedisce di cogliere le sfumature individuali, o magari la totale non corrispondenza dell'individuo reale ai tratti tipici dello stereotipo; un minimo di coerenza e stabilità sono indispensabili perché lo stereotipo sia utile alla interpretazione degli altri; un livello eccessivo esclude la comprensione delle infinite articolazioni che i diversi tratti possono avere nelle diverse situazioni, e impedisce di cogliere le trasformazioni che l'insieme dei tratti subisce nel corso del tempo.

A questo riguardo il massimo tanto della rigidità quanto della generalizzazione può essere osservato nelle concezioni che in modo più o meno esplicito spiegano le differenze tra gli uomini e dunque anche i caratteri nazionali con presunte peculiarità biologiche (la «razza» o il «ceppo», e simili): è evidente infatti che se si ritiene che un certo carattere derivi da una specifica dotazione ereditaria, si tenderà a considerarlo comune a tutto il gruppo e di fatto immodificabile.

Il cuore della questione sta nel concetto di probabilità in quanto distinto da quello di legame causale necessario: possiamo dire infatti che esiste una certa maggiore probabilità che un individuo appartenente a un gruppo possieda tratti che sono tipici del suo gruppo; e che è abbastanza probabile che tali tratti stiano tra loro in un certo definito rapporto, a formare quella configurazione tipica che chiamiamo carattere nazionale; così come possiamo aspettarci che tale configurazione tipica rimanga abbastanza stabile nel tempo. Ma non è giusto ritenere che quei tratti si trasferiscano automaticamente a tutti gli individui del gruppo; e soprattutto non è lecito che le aspettative, le quali pure ci possono essere utili in assenza di altre informazioni, siano mantenute inalterate anche quando queste altre informazioni invece ci sono, vale a dire quando abbiamo avuto la possibilità di conoscere più approfonditamente il singolo individuo e le sue personali disposizioni. Come in ogni situazione fondata sul concetto di probabilità, se nel complesso è più facile trovare un inglese freddo e un italiano espansivo, sarà sempre possibile trovare, sia pure con minore frequenza, qualche italiano che sia più freddo di un inglese e viceversa.

Alcune implicazioni dei caratteri nazionali. Comunque, a parte gli aspetti un po' coloriti che a volte assume, la questione dei caratteri nazionali appare per noi certamente interessante sia per motivi di ordine teorico sia in rapporto alle concrete difficoltà di relazione che possono sorgere fra appartenenti a nazioni diverse, e ciò in modo particolare con riferimento ai processi di integrazione europea in atto.

Dal punto di vista teorico viene infatti chiamato in causa uno dei temi cruciali delle scienze umane, vale a dire il rapporto che esiste fra l'individuo con le sue caratteristiche e particolarità irripetibili e l'ambiente socioculturale del quale l'individuo fa parte. La relativa omogeneità dei caratteri nazionali (sia in quanto percezione sedimentata negli stereotipi sia per quello che vi si può trovare di corrispondente al vero) rinvia necessariamente l'analisi alla forza dei processi di socializzazione (nella famiglia, nella scuola, nei mass media) che producono e riproducono la cultura; ma invita anche a riflettere sul delicato processo di causazione reciproca fra individuo e contesto culturale: una certa cultura plasma individui simili che riproducono una cultura e una società di un certo tipo. Inoltre, quando si concentra l'attenzione sulle modalità di produzione di una determinata cultura, non si può non allargare il discorso all'influenza di fattori di vasta portata storica: è facile individuare, ad esempio, dietro alcuni tratti del carattere anglosassone, l'influenza congiunta dell'etica protestante e delle filosofie empiriste; così come si possono intravvedere diverse sfumature di razionalismo alla base dei caratteri tedesco e francese. A ben vedere, si possono distinguere nel confronto fra i diversi caratteri nazionali le più basilari e antiche contrapposizioni del pensiero umano, che indicano modalità diverse di rapportarsi al mondo e agli altri: empirismo contro razionalismo, appunto; ma anche ragione contro sentimento, scopi dell'individuo contro scopi della collettività, fantasia contro concretezza, universalismo contro particolarismo, e così via.

L'aspetto pratico riguarda le possibili difficoltà che possono sorgere, nel rapporto fra appartenenti a gruppi nazionali diversi, in base proprio a questa idea di contrasto su criteri fondamentali di visione della vita. È evidente infatti che laddove si consideri l'altro come espressione di una cultura che si percepisce come antitetica alla propria si sarà meno disponibili a un confronto costruttivo, e l'interazione risulterà ostacolata da una ostilità di fondo. Tale atteggiamento si acuisce nel caso di ampie differenze, e dunque quando si tratti di culture e nazioni tra loro molto distanti, come avviene ad esempio nel caso degli immigrati da paesi africani; ma, come vedremo meglio successivamente, ciò può avvenire anche nel confronto fra culture molto simili, condizione che può innescare un bisogno di differenziarsi: è il caso ad esempio della storica ostilità fra i «cugini» italiani e francesi; ed è dato comune anche in molte situazioni di confine fra gli stati, nelle quali sottogruppi di popolazione per molti aspetti identici tendono a esaltare le differenze reciproche.

L'antisemitismo

Un tipo particolare di ostilità nei confronti di uno specifico gruppo sociale è quella che da sempre si indirizza contro gli ebrei. Le caratteristiche del tutto peculiari di questa forma di pregiudizio, il suo intrecciarsi profondo con i processi storici che hanno costruito la civiltà odierna, e infine le orrende vicende della Shoà, il genocidio, che hanno marcato in maniera definitiva non solo i rapporti tra questo gruppo e il resto dei popoli, ma complessivamente la coscienza storica del mondo contemporaneo, ne fanno un fenomeno di tali dimensioni e di tale importanza che ancor più di altri risulterebbe per esso riduttiva una interpretazione limitata agli aspetti psicologici del pregiudizio e degli stereotipi.

Ma proprio per la sua portata storica e per il fatto che, specie durante l'ultimo tragico epilogo, esso non è rimasto limitato a piccoli gruppi di fanatici criminali, ma ha coinvolto in modo più o meno diretto interi popoli, è quanto mai opportuno cercare di comprenderne anche il versante psicosociale. Al di là delle cause storiche lontane e delle responsabilità precise di chi ha voluto e gestito la «soluzione finale», l'oppressione e poi lo sterminio degli ebrei si sono potuti realizzare anche per l'indifferenza o addirittura per la complicità di milioni di persone «normali» che hanno trovato ragioni per considerare tollerabile quanto accadeva e che sono riuscite a conciliare l'odio razziale con la propria autostima di persone buone e rispettabili. In ciò il consolidamento durante più di duemila anni degli stereotipi e dei pregiudizi nei confronti degli ebrei non può non aver avuto una parte rilevante.

La lunga storia di un isolamento. Nel corso del lunghissimo sviluppo del fenomeno si può riconoscere una continua interazione fra ragioni di tipo economico e politico e ragioni di tipo culturale e psicologico, in una sorta di circolo vizioso: gli ebrei, che si autodefiniscono e sono definiti dagli altri in quanto gruppo, si sono trovati per questo a svolgere nell'ambito delle diverse società che nei secoli li hanno accolti determinate funzioni, le quali a loro volta hanno finito con il rafforzare l'idea del gruppo distinto caratterizzato da specifici tratti. Procederemo dunque rilevando, nell'ambito delle complesse vicende che nel corso di venticinque secoli hanno definito il destino di questo popolo, alcune dinamiche che rendono conto da un lato della forza e della costanza con cui gli ebrei hanno costruito e mantenuto la propria identità collettiva nonostante (o proprio a causa di) tutte le difficoltà, e dall'altro della creazione e del mantenimento in pressoché tutte le popolazioni e tutti i tempi dello specifico pregiudizio antisemita.

Una delle ragioni culturali del tradizionale isolamento degli ebrei sta nel fatto che la loro precettistica religiosa si estende in maniera capillare a governare i più minuti aspetti della vita civile e dell'interazione fra le persone, il che rende difficile una reale integrazione con persone di religione diversa. Rispetto a tale autoidentificazione in quanto gruppo distinto si sono attivate alcune dinamiche psicosociali classiche che nel complesso favoriscono il processo di isolamento: il rafforzamento delle barriere sia da parte del gruppo maggioritario sia da parte della minoranza; la sanzione dello status di gruppo minoritario per mezzo di opportune norme spesso codificate ed esplicite che ribadiscono i confini, delimitano il campo d'azione della minoranza e contribuiscono a delinearne gli elementi di identità collettiva; l'individuazione della minoranza quale capro espiatorio rispetto a ogni tipo di difficoltà, e in genere l'uso della minoranza quale nemico esterno nei confronti del quale ricompattare la maggioranza in momenti di crisi; l'elaborazione e la diffusione di un insieme di credenze atte a sostenere e giustificare l'emarginazione.

Nel caso degli ebrei tali dinamiche si possono osservare all'opera fin dall'inizio del loro millenario isolamento. Nei primi tempi della dominazione romana la condizione del popolo ebraico, tanto quello residente in Palestina quanto le diverse comunità già allora sparse in tutto il mondo, non era per molti aspetti differente da quella di altri popoli assoggettati, pur esistendo vari elementi di conflittualità. Ma quando il cristianesimo, agli inizi del IV secolo d.C., si avviò a diventare egemonico, i gruppi ebraici, che nel frattempo si erano mantenuti saldamente omogenei e chiusi, cominciarono a diventare bersaglio di persecuzione sistematica, anche perché alcune delle loro norme di carattere religioso-civile si presentavano come pericolose per l'ordine costituito. Si pensi ad esempio all'usanza del riposo sabatico generalizzato, anche per gli schiavi, che rischiava non solo di diminuire complessivamente il lavoro prodotto, ma soprattutto di minare alcuni principi fondamentali della società romana. Vennero così le prime forme ufficiali di interdizione, con leggi che limitavano agli ebrei la propaganda religiosa, la partecipazione alla vita pubblica e il contatto con i cristiani, e li confinavano in determinati lavori; inizio di quella lunghissima catena di esclusioni che si sono succedute in varie forme nelle diverse parti del mondo fino al periodo della cosiddetta *emancipazione legale* verso la fine del Settecento, e che hanno contribuito a definire non solo l'identità collettiva del popolo ebraico, ma anche una sua specifica caratterizzazione in chiave sia socioeconomica che psicologica.

Lo stereotipo degli ebrei in rapporto alla loro storia. Com'è noto, per molto tempo le uniche attività ad essi consentite sono state il commercio e il prestito di denaro, attività marginali e considerate di livello inferiore fino al medioevo, ma che hanno consentito loro di trovarsi in una condizione di vantaggio man mano che le trasformazioni della struttura produttiva a livello mondiale rendevano lo scambio di merci e il denaro sempre più centrali nell'attività economica.

Proprio da tale storica identificazione tra gli ebrei e il traffico di denaro è derivato uno dei tratti principali dello stereotipo che li riguarda, vale a dire appunto l'amore per il denaro, che si esprime in avidità e speculazione. La letteratura e il senso comune, in perfetta sintonia, ci hanno tramandato immagini di ebrei usurai senza scrupoli o abili speculatori, disposti a qualsiasi nefandezza pur di aumentare i propri guadagni. E in effetti si può dire che questo tratto costituisce uno degli elementi centrali e in qualche modo aggreganti dell'intero stereotipo, nonché uno dei più potenti fattori di attivazione emotiva dell'ostilità nei confronti degli ebrei; all'avidità per il denaro si connette infatti senza difficoltà una generale tendenza all'accaparramento delle risorse, alla sopraffazione, al predominio sugli altri, e questo insieme di tratti è risultato in contrasto, per motivi diversi, con le radici culturali delle varie società in cui le comunità ebraiche si sono trovate. Nelle culture caratterizzate, almeno formalmente, dal valore del solidarismo caritatevole di matrice cattolica, l'ebreo (definito spesso al singolare, proprio a indicare il massimo della generalizzazione possibile) si poneva come elemento di antitesi e di rottura del patto sociale. Ma anche nelle culture nelle quali, per il tramite dell'etica protestante, la competizione ha assunto un valore più positivo, il supposto modo di essere degli ebrei finiva per risultare ugualmente spregevole, dal momento che le loro attività economiche si potevano qualificare come sostanzialmente parassitarie, ma soprattutto per il fatto che la loro forte solidarietà di gruppo contrastava con il valore della competizione libera e delle pari opportunità.

Proprio tale forte identità collettiva degli ebrei è stata poi storicamente l'altro pilastro portante dello stereotipo negativo che li riguarda. La loro solidarietà di gruppo al di là delle barriere nazionali e sociali, basata sull'antica comune identità religiosa e rafforzata da millenni di persecuzioni, è sempre stata vista come elemento di disgregazione delle diverse unità culturali nelle quali essi si andavano a inserire e di rottura delle solidarietà più ampie. Dalla solidarietà di gruppo sono stati fatti derivare altri tratti negativi, peraltro in accordo con quelli già visti dell'avidità e del desiderio di sopraffazione: l'inaffidabilità politica, la naturale propensione al tradimento, il rifiuto di partecipare alla difesa del paese di appartenenza; tratti sui quali si è andata concentrando maggiormente l'attenzione man mano che l'idea di nazione diventava sempre più centrale nella ideologia e nella cultura europea.

Inoltre a questo insieme di tratti negativi si andava ancorando un altro elemento che è stato ampiamente utilizzato per giustificare le grandi persecuzioni della prima metà di questo secolo, ma che è ben lungi dall'essere stato abbandonato: l'idea dell'esistenza di un complotto universale che le diverse comunità ebraiche, in stretto e segretissimo rapporto tra loro, starebbero sempre sul punto di organizzare per impadronirsi del mondo intero. Questa idea è rimasta ben viva, sia pure non sempre nella forma esplicita e grossolana dei primi anni del secolo, quando furono anche fabbricati e diffusi ad arte falsi documenti per sostenerla; nella sua forma moderna essa corrisponde alla percezione, più diffusa di quanto non si creda, che le azioni degli ebrei nelle diverse parti del mondo siano in qualche modo coordinate, e tutte tese a massimizzare i vantaggi delle singole comunità a danno delle nazioni nelle quali sono inserite. Parte integrante di questa idea è la convinzione che gli ebrei riescano sempre a impadronirsi dei gangli vitali delle società in cui vivono: i luoghi del governo economico, ma anche i mezzi di comunicazione, la cultura e il potere politico.

In appoggio a tutti questi tratti, che hanno un contenuto prevalentemente sociale, si è poi sviluppata la dimensione che possiamo definire più specificamente psicologica dello stereotipo, vale a dire l'idea dell'insieme delle caratteristiche di personalità che farebbero da sostegno a tali azioni e permetterebbero la scalata sociale. Ne fanno parte tratti come l'ostinazione, uno spinto pragmatismo, l'acutezza intellettiva (usata prevalentemente per ottenere vantaggi); ma anche il servilismo e la vigliaccheria, espressione di scarso carattere morale; e inoltre il vittimismo, come tendenza a esaltare più del dovuto le persecuzioni subite e a incolpare gli altri dei propri fallimenti.

La persistenza del pregiudizio antisemitico. In tal modo è cresciuta nei secoli la percezione degli ebrei come corpo estraneo della società, l'Altro per eccellenza, il simbolo della differenza e del pericolo, e la questione ebraica è stata percepita spesso come un problema rilevante delle diverse società, anche in contesti nei quali il numero limitato di ebrei rendeva oggettivamente poco credibile tale preoccupazione. Un caso emblematico al riguardo è costituito proprio dall'Italia durante il fascismo: pur essendovi in totale solo circa 40.000 ebrei in Italia, negli anni che precedettero e seguirono le leggi speciali del 1938 il «problema ebraico» sembrò essere diventato il primo dei mali nazionali; un'analisi della stampa dell'epoca permette di evidenziare con facilità i processi di creazione quasi *ex novo* di una figura pericolosa da usare come capro espiatorio per la serie crescente di difficoltà nelle quali il regime si trovava.

In definitiva sembra che si possa essere d'accordo con quanti hanno sostenuto che l'antisemitismo, fatte salve tutte le ragioni di tipo storico, economico e politico, non possa non interpretarsi anche in termini di rappresentazioni e di costruzioni simboliche. Fra costoro ricordiamo Sartre, che all'indomani della conclusione della seconda guerra mondiale notava come gli ebrei non potessero definirsi come gruppo né per una supposta diversità razziale, né per la pratica religiosa (nella realtà molto più limitata di quanto si creda), né per una cultura comune, né per una comune nazionalità, ma erano essenzialmente gli altri a definirli come tali e a spingerli a forzare le ragioni di tale loro appartenenza.

La domanda cruciale a questo punto è: dopo la Shoà cosa resta del pregiudizio antisemitico? Si può sperare che esso sia stato distrutto dalla prova evidente degli orrori cui ha potuto condurre? La risposta a questa domanda è purtroppo negativa, e innumerevoli segnali portano a ritenere necessario un rinnovato livello di vigilanza contro il riproporsi di questa antichissima forma di costruzione sociale della diversità. Basti pensare alle correnti storiografiche dette revisioniste, che tendono a relativizzare, quando non a sminuire, la gravità di quanto è accaduto negli anni dello sterminio; alla persistenza nel linguaggio, in detti popolari e in luoghi comuni degli elementi costitutivi dello stereotipo; al riemergere, sia pure occasionale e limitato a pochi irresponsabili, della terminologia antisemita usata come minaccia e offesa nei confronti del nemico di qualunque tipo (come ad esempio nel cosiddetto antisemitismo da stadio). Ci sono poi i gruppuscoli di estrema destra, che in maniera esplicita recuperano senza pudore tutti i classici temi dell'antisemitismo; e la cronaca degli anni recenti riporta periodicamente la traduzione in azioni dei loro programmi deliranti, dalle profanazioni di cimiteri ebraici agli attacchi ai luoghi di culto o a singoli cittadini.

Di fronte a tutto ciò due cose colpiscono principalmente. La prima è la corrispondenza fra la recrudescenza di questi fenomeni e gli sviluppi della situazione politico-militare in Medio oriente, nel senso che gli attacchi agli ebrei sono aumentati nei momenti in cui Israele ha assunto posizioni che si sono ritenute condannabili, riproponendo dunque ancora una volta l'antica visione degli ebrei come un tutto unico, sicché ciascun ebreo in qualsiasi parte del mondo è responsabile anche delle azioni degli altri. La seconda è il fatto che questi fenomeni di intolleranza sono accolti dall'opinione pubblica con una certa indifferenza, spesso derubricati a fanatismo di singoli esaltati. Le ricerche invece mostrano che tutto ciò si basa su un fondo di pregiudizio ancora molto diffuso, e nella sostanza ancora molto simile nei suoi tratti essenziali a quello che per millenni ha accompagnato la presenza degli ebrei nelle diverse società. Sulle ragioni della permanenza di tale pregiudizio conviene continuare a riflettere, anche sul versante delle discipline psicosociali, per evitare che il passato possa ripetersi, e anche per valutare una delle espressioni più evidenti del processo di formazione e riproduzione dell'ostilità basata sulle appartenenze.

Quelli che abbiamo visto finora sono gli esempi di pregiudizi e stereotipi di grande impatto sociale, per l'evidenza della discriminazione alla quale in particolari condizioni possono portare. Sono però molti altri i gruppi sociali rispetto ai quali vengono adottati stereotipi più o meno rigidi che finiscono per condizionare le valutazioni e il comportamento nei loro confronti. Anzi, se adottiamo una definizione abbastanza estesa di stereotipo, possiamo dire che nei confronti di pressoché tutti i possibili raggruppamenti sociali si vengono a sedimentare precise aspettative in grado di prendere forma di stereotipo: si pensi ad esempio alle appartenenze ideologico-politiche, o anche solo ai percorsi formativi e professionali. In assenza di altre informazioni (e spesso anche in presenza di queste) ciascuno di noi ha delle idee abbastanza precise su cosa aspettarsi da un avvocato, da un ingegnere o da un giovane di estrema destra che si incontrano per la prima volta, e non è detto che tali aspettative siano sempre errate. In questo senso gli stereotipi fanno parte, come si è già detto, della grande famiglia dei processi psicologici che ci consentono di rispondere in maniera rapida ed efficace agli stimoli ambientali anche quando le informazioni di cui disponiamo non sono sufficienti a un'analisi completa della situazione.

Alcuni stereotipi relativi a gruppi e categorie sociali possono ritenersi abbastanza innocui, nel senso che svolgono in modo più o meno efficace la loro funzione di anticipazione della conoscenza sociale senza che ciò si traduca in svalutazione dell'altro o in ostilità. Altri invece hanno acquistato la valenza di vero e proprio pregiudizio negativo. Di seguito esamineremo alcuni esempi delle forme più diffuse e più socialmente rilevanti di stereotipi e pregiudizi.

Giovani e anziani. Abbiamo già visto come una caratteristica individuale, il genere sessuale, possa risultare significativa nel determinare potenti stereotipi. Un altro tratto che spesso viene usato nell'identificare le persone e al quale sono associati stereotipi è l'età. In particolare a due fasce opposte della popolazione sono associate immagini e attese di comportamento che possiamo classificare come stereotipi, cioè i giovani e gli anziani.

Ma mentre lo stereotipo dei giovani appare come un misto di tratti positivi e negativi, che in certi casi può orientare in modo sfavorevole l'opinione nei loro confronti ma che nel complesso definisce un modo di essere che nella nostra società è considerato desiderabile, al contrario gli anziani costituiscono da questo punto di vista un gruppo sottoprivilegiato, e gli stereotipi che li riguardano sono in gran parte negativi. I giovani sono considerati avventati, irresponsabili e con poca voglia di impegnarsi, ma anche sognatori e generosi; conformisti e superficiali, ma anche fantasiosi, coraggiosi e innovativi; con poca esperienza e presuntuosi, ma anche aperti e disponibili all'apprendimento. Alcuni di questi tratti possono in certe occasioni essere utilizzati per valutazioni negative e anche per forme di discriminazione, come ad esempio quando si tende da parte degli adulti ad assegnare ai giovani responsabilità e spazi decisionali minori di quelli che potrebbero spettare loro in funzione del loro reale livello di maturazione personale; ma nel complesso si guarda anche ai supposti difetti dei giovani con benevolenza, e si può ben dire che la gran parte dei tratti che vengono ad essi attribuiti sono considerati nella nostra cultura in maniera positiva e perfino assunti a modello di comportamento per l'intera società.

Proprio per tale orientamento culturale, che è stato definito «giovanilista», diversamente da quanto avveniva nel passato e da quanto avviene tuttora in culture diverse, gli anziani sono considerati in maniera complessivamente negativa, e lo stereotipo che li riguarda comprende una serie di tratti considerati in antitesi con l'orientamento al successo che caratterizza la nostra società. Tali tratti hanno a che fare tanto con disposizioni psicologiche quanto con tendenze comportamentali: gli anziani sono considerati mentalmente rigidi, orientati al passato e senza progetti per il futuro, poco disponibili all'innovazione; ma anche ostinati, collerici, suscettibili, poco adattabili, tendenti al vittimismo, esigenti e in continua ed eccessiva richiesta di assistenza. Si può affermare, riprendendo le annotazioni che facevamo all'inizio sul valore negativo che la nostra società assegna al pregiudizio, che agli anziani viene rimproverato proprio un modo di essere troppo saturo di esperienza passata e poco disponibile ad acquisire elementi di conoscenza nuovi e aderenti alla realtà in mutamento. Come dire, in pratica, che uno dei tratti costitutivi del pregiudizio verso gli anziani è costituito proprio dal considerarli troppo soggetti a pregiudizi.

Da tale valutazione sul mancato possesso dei tratti psicologici e comportamentali utili al successo nella società deriva un elemento portante dello stereotipo, che può tradursi in discriminazione: il fatto cioè che gli anziani siano considerati in definitiva incompetenti, sicché al procedere dell'età le persone si trovano progressivamente marginalizzate non solo dal sistema produttivo, ma anche dai processi di elaborazione e circolazione delle idee. Si tratta di una condizione evidentemente molto diversa da quella che altre società assegnano tuttora agli anziani in quanto depositari di saggezza e di cultura in senso lato; nella nostra società, invece, ciò che dice, pensa o fa un anziano viene interpretato secondo uno stereotipo basato su una valutazione di scarsa abilità e sulla implicita assegnazione di uno status sociale basso. Lo provano tra l'altro i risultati di alcune ricerche nelle quali è stato mostrato come i giovani tendano a usare, nell'interazione con gli anziani, un linguaggio semplificato, simile a quello che si adopera con i bambini, nella convinzione che gli anziani non possano realmente comprendere i loro messaggi.

In definitiva, anche a prescindere dai possibili e non rari

episodi di attiva discriminazione, agli anziani finisce per essere applicato, nel migliore dei casi, lo status sociale di categoria protetta: persone poco abili, poco adattate e di scarsa utilità, alle quali però si deve in qualche modo rispetto e assistenza.

La disabilità fisica e mentale. Lo stesso tema della corrispondenza agli standard di efficienza della società è alla base di altri pregiudizi molto diffusi che riguardano i *disabili fisici e mentali.* Anche in questo caso si può osservare come il fatto che certe persone non siano in grado di agire appieno secondo le regole e i valori sui quali si fonda la società viene tradotto in precisi stereotipi circa le loro qualità e disposizioni personali.

In realtà fra le due situazioni, la disabilità fisica e quella mentale, esiste tuttora una grande differenza. Per quella fisica infatti, dopo secoli di ostilità abbastanza esplicita, concretizzata quasi sempre nella reclusione e nell'occultamento materiale degli handicappati, si è giunti a una sempre maggiore accettazione formale, attuata anche per mezzo di idonei provvedimenti istituzionali, nel senso di normative dirette a favorire l'integrazione, ad abolire le barriere architettoniche e a ostacolare ogni forma di discriminazione. Ovviamente altro è l'intendimento anche di tipo normativo e altro il livello effettivo di attuazione del progetto soprattutto in termini di sensibilità sociale; comunque si può dire che oggi ai disabili fisici competa in pieno quello status di categoria protetta di cui si diceva prima a proposito degli anziani, con i vantaggi ma anche gli svantaggi che da questa condizione derivano.

Fra questi ultimi proprio il fatto di essere percepiti in quanto categoria, e di vedersi considerati, nelle interazioni sociali, attraverso il filtro di uno stereotipo rigido: oltre che poco abili per definizione, i disabili vengono anche visti come psicologicamente fragili, troppo emotivi, volubili, irascibili, sostanzialmente inaffidabili; nell'interazione con essi si tende a manifestare un imbarazzo che si giustifica come un non sapere come comportarsi, ma che esprime in realtà il disagio della loro stessa presenza. Anche in questo caso risultati di ricerca empirica confortano il dato: è stato dimostrato ad esempio come si tenda a spiegare il comportamento di persone handicappate facendo riferimento più alle loro caratteristiche e disposizioni personali che non alle condizioni esterne nelle quali esse si trovano, sicché il loro comportamento viene percepito come piuttosto omogeneo attraverso le diverse situazioni sociali. Il risultato di tutto ciò è un'interazione che pur non avendo i caratteri dell'esclusione, e proponendosi anzi le migliori intenzioni di assistenza, finisce per rafforzare il senso di dipendenza e di inadeguatezza degli interessati.

Il caso della malattia mentale risulta ancora più complesso, in quanto alla non corrispondenza agli standard di efficienza della società si aggiunge il fatto che questo tipo particolare di invalidità ha rappresentato da sempre qualcosa di misterioso e inquietante. Per secoli e nelle più diverse culture la figura del «folle» è stata circondata da un misto di condanna e repulsione ma anche di reverenza quasi magico-sacrale, come se si trattasse di un individuo in qualche modo in contatto con dimensioni e con forze soprannaturali. Ciò spiega anche la violenza con cui in certi periodi si è proceduto alla persecuzione dei malati di mente; ricordiamo in proposito che la stessa introduzione del concetto di malattia mentale, nel secolo XVIII, costituì un notevole progresso rispetto ai tempi in cui il malato mentale era considerato alla stregua di un criminale, o comunque come un elemento estraneo della società che andava con tutti i mezzi messo in condizione di non nuocere.

Ma pur avendo «conquistato» lo status di malato, e dunque di persona bisognosa di cure, il malato di mente è rimasto pur sempre un tipo molto particolare di disabile. La sua malattia rappresenta infatti un richiamo alle dimensioni più nascoste della nostra personalità, evocando la potenza dell'irrazionalità e il possibile prevalere degli istinti sulla morale e sulle norme sociali. Da ciò deriva una decisa sottolineatura degli elementi di pericolosità sociale del malato di mente; anche a prescindere dal danno reale che potrebbe essere in grado di fare, ciò che mette in ansia è l'idea di una sua non controllabilità e non prevedibilità, e in particolare la consapevolezza che il suo modo di essere mette in discussione le modalità ordinarie di interpretazione della realtà e le regole stesse della convivenza. Proprio per tale legame stretto con il contesto e con le norme sociali, i contenuti degli stereotipi circa i malati di mente e il tono complessivo del pregiudizio che li riguarda variano molto da una cultura all'altra. Molta ricerca anche di tipo etno-antropologico è stata sviluppata in questa direzione, evidenziando come in alcuni contesti la dimensione del rispetto e perfino della venerazione di tipo magico prevalga su quella della persecuzione. Ma nella nostra cultura occidentale moderna, nella quale prevalgono i caratteri della razionalità, dell'efficienza e dell'adesione alle norme sociali condivise, la presenza di persone che pensano e agiscono secondo criteri diversi viene vissuta come fastidiosa e minacciosa.

Omosessuali e tossicodipendenti. Abbiamo detto che molti stereotipi e pregiudizi si esprimono in maniera sottile e nascosta, pur essendo dichiarata a livello esplicito una intenzione egalitaria e non discriminatoria. Esistono stereotipi e pregiudizi nei quali invece spesso tale intenzione egalitaria non è salvaguardata neanche a livello di dichiarazione di principio, e ci si sente maggiormente legittimati ad assumere anche in maniera esplicita delle posizioni di tipo discriminatorio. Si tratta di quelli relativi a diverse categorie di «devianti», fra cui in particolare gli *omosessuali* e i *tossicodipendenti*. La maggiore accettabilità sociale di questo tipo di pregiudizi deriva dal fatto che i comportamenti in questione sono considerati in contrasto non solo con precise norme sociali, ma anche con valori morali e precetti religiosi, e come tali vengono penalizzati e perseguiti spesso in maniera molto netta.

Anche in questo caso si può osservare una grande variabilità di atteggiamento nel tempo e nelle culture: sappiamo ad esempio che nel mondo classico l'omosessualità era considerata una manifestazione ordinaria della vita affettiva, in grado di esprimere anzi le forme più alte di relazione tra gli individui; e che in diverse società anche moderne e soprattutto in molta parte del mondo orientale l'alterazione volontaria degli stati di coscienza per mezzo di sostanze psicoattive è pratica comune e abbastanza tollerata. Nel nostro contesto, invece, a queste due categorie di persone si applicano sovente rigidi stereotipi centrati proprio sulla loro presunta amoralità: dal momento che il loro comportamento viene visto come una deliberata scelta di rifiuto delle norme e di opposizione all'intera collettività, anche le loro caratteristiche soggettive e il loro valore in quanto persone vengono conseguentemente sminuiti.

In particolare si può notare anche nei loro confronti un'accentuazione della possibile pericolosità sociale, la quale si è espressa nel passato soprattutto in termini di corruzione morale, ma che oggi ha trovato un nuovo terreno nei rischi connessi con la diffusione dell'Aids, da alcuni addirittura considerata come una «giusta punizione» (magari di origine divina) per l'immoralità. Da questo aspetto specifico di tale pregiudizio sono derivate in realtà gravi conseguenze per la diffusione del virus. Infatti nei primi anni di comparsa della malattia, quando ancora non se ne conosceva la natura, la maggior parte dei contagiati si ebbe tra gli omosessuali, il che contribuì ad aumentare l'ostilità sociale nei loro confronti ma anche a far considerare il fenomeno come limitato a quella categoria di persone. Quando sono state chiarite le modalità di trasmissione la comunità degli omosessuali ha risposto in maniera molto lucida, sulla base di una solida consapevolezza della propria identità collettiva, adottando comportamenti protettivi di indubbia efficacia. Mentre invece l'idea, ancora oggi molto difficile da sradicare, per la quale l'Aids è una malattia (o peggio una punizione) limitata ai comportamenti sessualmente trasgressivi ha per anni ostacolato l'adozione di pratiche preventive presso la generalità della popolazione, e ha finito col favorirne in modo drammatico la diffusione.

Dal momento che anche i tossicodipendenti costituiscono una categoria a grande rischio di Aids, la diffusione di questa malattia ha contribuito a una sorta di sovrapposizione delle valutazioni complessive e degli stereotipi che riguardano le due categorie, il che è poi il motivo per cui anche in questa sede ne abbiamo accennato in modo congiunto: le due categorie tendono infatti a essere percepite come entrambe contro la morale, entrambe a favore del piacere senza freni, entrambe corruttrici, entrambe pericolose dal punto di vista sia sanitario che sociale. Ne consegue una similarità anche nei tratti di personalità che vengono considerati tipici di queste persone, sempre nel senso della debolezza psicologica e di una scarsa maturità personale.

Tale identificazione e generalizzazione, non solo tra gli individui all'interno di una categoria ma perfino tra diverse categorie, costituisce in effetti un ulteriore peso che le persone che ne fanno parte si trovano a subire. In particolare questo è vero per gli omosessuali, che si vedono accomunati nella percezione comune a un gruppo dal quale, pur volendo accettare la logica generalizzante dello stereotipo di categoria, li separano invece moltissime caratteristiche, quali la voglia di vita, la forte identità collettiva, un livello spesso molto alto di sensibilità e di impegno intellettuale e civile. Dopo anni di lotte gli omosessuali erano riusciti a migliorare in qualche modo la propria immagine, mettendo al centro di essa il proprio diritto alla differenza e la legittima aspirazione a un'esistenza tranquilla senza interferenze nelle proprie scelte private; l'esplosione dell'Aids sembra aver in qualche modo annullato alcuni di questi risultati minacciando di ricondurre nuovamente la loro immagine più vicina allo stereotipo della devianza.

Naturalmente ciò non significa affermare che nel caso dei tossicodipendenti invece lo stereotipo corrisponda alla verità; come si è detto, anche per loro risultano molto enfatizzati nell'immagine stereotipata non solo la pericolosità sociale ma anche i tratti che indicano fragilità e immaturità psicologica, superficialità, scarsa determinazione, e complessivamente uno scarso valore in quanto persona. Come per tutti gli stereotipi, poi, anche a prescindere dalla qualità dei tratti costituenti, ciò che maggiormente penalizza i singoli è il fatto che nella generalizzazione forzata si perde la propria specificità; nel caso della tossicodipendenza, che è fenomeno complesso dalle molteplici cause, ciò significa che l'individuo sente sottolineate soprattutto le sue possibili deficienze rispetto alle cause ambientali, e che in ogni caso non vede riconosciuti i percorsi particolari che possono averlo condotto a quella situazione.

2. Le spiegazioni

Ma perché pregiudizi e stereotipi sono così comuni? Quali sono i processi attraverso i quali essi si creano, si diffondono e rimangono inalterati per molto tempo? Che ruolo svolgono nella vita degli individui? Porsi queste domande è indispensabile non solo per comprendere tali fenomeni, ma anche per poterli fronteggiare; infatti solo partendo da una corretta conoscenza del loro funzionamento è possibile riconoscerli e contrastarli nel miglior modo possibile; e d'altro canto è proprio dalla risposta a queste domande che dipende in primo luogo la convinzione, necessaria per ogni progetto di intervento, che sia realmente possibile ridurli o tenerli sotto controllo. Molte spiegazioni sono state elaborate nel corso del tempo, a partire, come si è visto, dal pensiero filosofico, ma soprattutto, nel nostro secolo, nell'ambito delle discipline psicologiche e sociologiche. In questo secondo capitolo del volume ne presenteremo alcune, con l'obiettivo di fornire non una panoramica completa, ma alcuni esempi delle interpretazioni più interessanti e diffuse.

Un possibile schema di classificazione delle diverse spiegazioni

Uno dei modi per orientarsi fra le diverse interpretazioni è quello di individuare alcuni criteri discriminanti, rispetto ai quali le diverse spiegazioni possano essere considerate alternative, e che ci consentano dunque di cogliere meglio la differenza fra di esse. In questa sede proponiamo due di tali criteri, che, a nostro avviso, consentono di rendere conto della maggior parte delle spiegazioni più diffuse.

Il primo criterio è la questione della *ordinarietà* oppure *eccezionalità* del pregiudizio, che vede opposte da un lato l'opinione che pregiudizi e stereotipi si fondino su processi tutto sommato normali, tipici della natura umana e con i quali si deve imparare in certa misura a convivere, e dall'altro lato la convinzione che si tratti invece di fenomeni intrinsecamente anormali, che si sviluppano solo in condizioni di patologia individuale o sociale, e che dunque possono e debbono essere combattuti.

L'idea di una certa naturalità del pregiudizio e degli stereotipi nasce dalla constatazione della loro diffusione in tutti i tempi e in tutti i luoghi, e della difficoltà di contrastarli anche quando esista la volontà di farlo. A sostenere questa opinione hanno contribuito anche diversi settori delle scienze umane; in particolare le discipline sociologiche e antropologiche (ma anche etologiche), le quali hanno mostrato l'universalità della preferenza per i propri simili e dell'avversione per gli estranei; ma anche i recenti sviluppi della psicologia di orientamento cognitivista, nei quali si è dimostrato come la mente abbia la necessità di ridurre e organizzare in modo più semplice l'immensa quantità di stimoli ambientali sui quali si trova a dover operare.

Si oppongono a questa idea quanti ritengono che pregiudizi e stereotipi siano invece fenomeni storicamente determinati, i quali possono essere ridotti e controllati proprio se ci si libera della convinzione che si tratti di qualcosa di caratteristico della natura umana e perciò pressoché inevitabile. In questa seconda prospettiva l'accento viene posto sulle condizioni in qualche modo eccezionali nelle quali questi fenomeni si attivano, e soprattutto sulle possibilità di controllare tali condizioni sulla base di un preciso progetto sociopolitico.

Il secondo discrimine che possiamo individuare fra le diverse interpretazioni riguarda il livello di spiegazione prescelto, che può essere di tipo individuale oppure di tipo sociale.

Da un lato si collocano le spiegazioni che mettono l'accento sull'individuo, sia in termini di una sua ipotetica essenza fondamentale, biologica o psicologica, sia in termini dei percorsi di storia personale che possono averlo portato a essere ciò che è. Vengono in tal modo chiamati in causa la selezione naturale, i processi di funzionamento della mente, le strutture di personalità, la socializzazione, le motivazioni, sicché il problema del pregiudizio (e della sua riduzione) diventa quello di individuare e rieducare le persone che più di altre ne sono affette.

Dall'altro lato troviamo le spiegazioni che spostano l'attenzione sulle interazioni tra gli esseri umani, spesso giudicando inopportune o fuorvianti le spiegazioni di livello individuale. Si collocano su questo versante le spiegazioni di tipo sociopolitico, che chiamano in causa anche i fattori economici e i rapporti di potere fra i gruppi sociali; ma anche le spiegazioni che, pur restando su un terreno che possiamo definire psicoculturale, cercano le ragioni dell'ostilità interpersonale non nelle disposizioni dei singoli ma nei rapporti tra loro e nelle dinamiche di gruppo che si attivano.

Questi due criteri discriminanti possono essere idealmente incrociati, dando così luogo a uno schema concettuale a quadranti (riprodotto più avanti), entro il quale possono collocarsi le diverse spiegazioni. Possiamo dunque trovare spiegazioni che considerano il pregiudizio nelle sue basi ordinarie restando al livello dell'individuo, cioè concentrandosi sui processi di funzionamento dell'essere umano in quanto tale, nella sua specificità biologica o psicologica (cella *A* dello schema); mentre altre spiegazioni riflettono sugli aspetti ordinari del pregiudizio e dell'ostilità fra gli esseri umani a partire piuttosto dalla osservazione dei modi tipici con cui essi si rapportano gli uni agli altri (cella *B*). Allo stesso modo, sull'altro versante, troviamo spiegazioni che mettono l'accento sui processi eccezionali e anormali che spingono gli individui a essere ostili nei giudizi e nelle azioni nei confronti dei diversi (cella *C*); mentre altre spiegazioni individuano le cause del pregiudizio e dell'ostilità in modalità distorte e storicamente definite di organizzazione della società (cella *D*).

	Livello individuale	Livello sociale
Processi ordinari	A	B
Processi eccezionali	C	D

Schema di classificazione delle spiegazioni

Con tutti i rischi che queste schematizzazioni comportano, riteniamo utile, nell'illustrare le diverse spiegazioni, seguire la traccia di questo schema, esaminando in sequenza i contenuti dei quattro quadranti. Vedremo dunque prima le interpretazioni che enfatizzano l'ordinarietà dei processi, distinguendo al loro interno quelle che privilegiano l'individuo da quelle che privilegiano la dimensione sociale; quindi le spiegazioni che ne sottolineano l'eccezionalità, anche in questo caso esaminando quelle di livello individuale e poi quelle di livello sociale.

A. *Le basi ordinarie degli stereotipi e dei pregiudizi*

Parlare con serenità dei fondamenti «naturali» dei pregiudizi e degli stereotipi, vale a dire del loro radicarsi in processi ordinari dell'essere umano in quanto tale o del suo modo tipico di organizzarsi in società, non è affatto semplice. A causa della rilevanza sociale di questi fenomeni e della valutazione negativa che per fortuna oggi li accompagna, ogni spiegazione che in qualche modo li riconduca a processi ordinari viene infatti vista con sospetto, come se si ponesse l'obiettivo di giustificarli, di considerarli inevitabili o peggio ancora di considerare normali e inevitabili anche le discriminazioni e le oppressioni che da essi derivano. Eppure, secondo molti studiosi, solo a partire da un riconoscimento delle basi ordinarie di questi fenomeni, le quali rendono così ampia la loro diffusione e così difficile la loro riduzione, si può sperare di comprenderli a fondo e di mettere a punto le risposte idonee sia sul piano istituzionale che su quello interpersonale.

La questione della interpretazione di pregiudizi e stereotipi come esito di processi eccezionali oppure ordinari si presenta con tutte le caratteristiche di un dilemma di difficile soluzione, nel quale entrambe le alternative presentano vantaggi e svantaggi. Il riferimento a processi eccezionali sembra infatti rispondere meglio a istanze di tipo etico, permettendo di isolare con più efficacia le responsabilità sia dei singoli che delle diverse forme di organizzazione sociale, e orientando in maniera forse più decisa alla repressione delle azioni di discriminazione o intolleranza; ma allo stesso tempo, proprio per il fatto di rimarcare l'eccezionalità del fatto, tale opzione ottiene di circoscriverne in qualche modo la portata, alimentando l'illusione che si tratti della responsabilità di pochi e di altri (altre persone o altre società) e fungendo dunque da conforto per quanti possono pensare a se stessi come lontani dal profilo tipico dell'intollerante. Al contrario, il riferimento a processi ordinari, che riconosce la responsabilità di tutti e assume il fatto come un problema della stessa natura umana, spinge a mantenere più alta la soglia di vigilanza, ad approfondire l'analisi, e a non rifugiarsi in rassicuranti colpevolizzazioni di pochi; ma può portare anche a diluire la responsabilità sia dei singoli che della società nel suo complesso, contribuendo in pratica a far considerare questi fenomeni come qualcosa di inevitabile.

Il nocciolo della questione sta nella capacità di distinguere fra i processi di base, che possono anche risultare in certa misura ordinari e «naturali», e la loro espressione in forme esasperate, nonché la loro traduzione in forme storicamente definite di discriminazione e oppressione sociale. Anche se si riuscisse a dimostrare che, per una serie di motivi di ordine psicologico, sociale e perfino biologico, un certo livello di pregiudizio e di ostilità nei confronti dei diversi sono caratteristici dell'essere umano, non ne discenderebbe necessariamente che essi non siano contrastabili, né che debbano assumere le forme estreme che spesso si possono osservare. Pur ammettendo che esistano delle basi naturali per questi fenomeni, è ragionevole pensare che siano invece le condizioni storiche, vale a dire il complesso intreccio di dinamiche sociali, culturali, economiche e politiche, a stabilire l'entità e i modi della loro reale attuazione in un contesto determinato, e soprattutto il livello della loro traduzione in comportamenti discriminanti.

Ciò premesso, passiamo a esaminare alcune delle spiegazioni del pregiudizio e degli stereotipi che sottolineano i loro fondamenti in caratteristiche ordinarie della natura umana.

Il fondamento biologico dell'ostilità contro i diversi

Uno dei modi per spiegare le basi ordinarie dei pregiudizi è quello di vederli come espressione di una generica ostilità nei confronti di ciò che non si conosce e di chi è diverso da noi, la quale risulterebbe essere un tratto tipico non solo della specie umana, ma di tutti gli animali. Essa sarebbe il risultato del lunghissimo processo di selezione per adattamento delle specie, secondo i classici principi darwiniani, e sarebbe direttamente connessa con l'istinto di lotta. Come sappiamo, nel corso di milioni di anni sono stati favoriti nella riproduzione gli individui che si sono rivelati più adatti a competere con gli altri per le risorse e per la propria sopravvivenza. In particolare sarebbe stata premiata dalla selezione naturale la capacità di attacco oppure di fuga (a seconda della posizione nella catena alimentare) nei confronti di esseri viventi appartenenti a specie diversa, i quali hanno molte probabilità di essere prede o predatori: sono sopravvissute e si sono riprodotte le gazzelle che erano in grado di correre più velocemente, ma anche quelle più pronte a riconoscere il nemico; sono sopravvissuti e si sono riprodotti non solo i leoni più forti, ma anche quelli più rapidi nell'individuare la preda e più determinati nella caccia.

Con lo stesso criterio di selezione per adattamento si sarebbe sviluppato anche un istinto di aggressività nei confronti dei membri della stessa specie, i quali sono concorrenti per lo stesso tipo di risorse. Ma dal momento che gli animali (e meno ancora gli esseri umani) non possono vivere in totale isolamento e in una perenne lotta di tutti contro tutti, si sarebbe sviluppata anche la tendenza a vivere in armonia con un numero ristretto di individui della propria specie, con i quali si coalizzano le forze in una lotta comune, mentre gli altri sono considerati nemici e come tali trattati. Anche in questo caso il criterio selettivo è semplice: gli individui della specie che erano geneticamente dotati per questo tipo di comportamento sono stati avvantaggiati nella lotta per la sopravvivenza e per la riproduzione, dal momento che potevano contare sulla solidarietà del gruppo e utilizzare questa per vincere la battaglia per le risorse; quelli che non lo erano, cioè quelli che non erano orientati a fare gruppo o non orientati a tradurre l'istinto gregario in ostilità verso i possibili concorrenti della stessa specie, si sono riprodotti di meno, e le loro caratteristiche si sono perse.

Questa è la cosiddetta spiegazione sociobiologica dell'ostilità nei confronti dei diversi, secondo la quale esisterebbe in definitiva un istinto, potente come gli altri, che ci spinge a riconoscerci in gruppi ristretti di simili e a considerare l'appartenenza di gruppo come elemento sufficiente ad attivare la disposizione, positiva o negativa, nei confronti dell'altro: amicizia e favore verso chi condivide le nostre appartenenze, inimicizia e avversione verso chi non le condivide. In questa prospettiva gli stereotipi e i pregiudizi non sarebbero altro che uno strumento sofisticato attraverso il quale l'essere umano, in quanto animale culturale e simbolico, esprime tale istinto. Essi risponderebbero all'esigenza di giustificare da un punto di vista razionale il naturale senso di avversione nei confronti del diverso, dando a esso un contenuto in grado di sostenere l'azione ostile; in quanto prodotto culturale, essi avrebbero lo scopo di segnare in maniera visibile e stabile i confini delle appartenenze, garantendone la funzione vitale. Tale processo sarebbe tanto importante e tanto radicato nell'istinto che non si potrebbe fare a meno di attivarlo, e sarebbe questa la ragione per cui capita sovente che in assenza di un nemico reale si tende a crearsene uno in modo pressoché arbitrario, sul quale scaricare insieme l'istinto aggressivo e quello di ostilità contro i diversi.

Una spiegazione evolutiva anche per la cooperazione. Ciò detto, occorre però ricordare che nell'ambito degli stessi orientamenti di studio che fanno riferimento alle basi biologiche del comportamento umano si possono individuare anche spiegazioni alternative (o complementari), che valorizzano al contrario, sempre con riferimento alla selezione adattiva, la tendenza alla cooperazione piuttosto che quella alla competizione, e la disposizione positiva nei confronti del diverso quale espressione di una naturale curiosità e orientamento verso il nuovo. Secondo questi studi ciò che paga davvero, in termini di probabilità di sopravvivenza, non è l'aggressione e la competizione a tutti i costi, bensì la cooperazione su un piano di reciprocità, vale a dire la disponibilità a restituire l'aiuto che si può ricevere dagli altri nella vita quotidiana; e questo non solo nei confronti di coloro che si riconoscono come appartenenti allo stesso gruppo, ma anche degli altri membri della propria specie. Infatti se la tendenza a privilegiare un gruppo ristretto è potuta risultare vantaggiosa in quanto assicura la protezione, essa ha però lo svantaggio di ridurre il numero dei possibili partner di cooperazione, e dunque di chiudere in qualche modo l'orizzonte delle esperienze e dell'esplorazione.

Si sostiene, in altri termini, che dalla selezione naturale sarebbero stati sviluppati con pari forza non uno ma due istinti, apparentemente opposti ma in realtà complementari: quello di protezione e di chiusura, che spinge alla tana, alla delimitazione del territorio, al riconoscimento nei propri simili, e quello di esplorazione e di apertura, che spinge invece alla ricerca, alla sperimentazione, alla conoscenza del nuovo. Il successo evolutivo dipenderebbe non dalla prevalenza di uno di essi, ma dal loro corretto bilanciamento; gli individui in cui fosse stata troppo prevalente la tendenza alla protezione e alla chiusura sarebbero stati infatti svantaggiati dall'aver avuto minori occasioni per migliorare il proprio adattamento; quelli in cui fosse stata invece troppo prevalente la tendenza alla novità e all'apertura sarebbero stati svantaggiati per un troppo alto livello di rischio. L'istinto di esplorazione e di tensione positiva verso ciò che è diverso e insolito sarebbe poi particolarmente importante per l'essere umano, che per le sue specifiche qualità è in grado di tradurre le esperienze in cultura e quindi di trarre il massimo vantaggio dall'approfondimento della conoscenza in direzioni nuove. Di ciò esiste ampia testimonianza anche nell'ambito della ricerca etno-antropologica: in tutte le culture l'Altro, il diverso, il nuovo suscitano insieme timore e diffidenza ma anche curiosità e rispetto.

Su questi temi il dibattito è ancora in corso tra gli stessi specialisti, e non si può dire che si sia giunti a conclusioni definitive. Comunque, anche a prescindere dalla correttezza delle diverse interpretazioni, il punto cruciale ai nostri fini è un altro: non si tratta infatti di stabilire quale sia l'istinto prevalente e come esso sia stato sviluppato, quanto piuttosto di valutare fino a che punto l'istinto sia in grado di spiegare le effettive manifestazioni del pregiudizio e dell'ostilità tra gli esseri umani, le quali appaiono così sofisticate dal punto di vista culturale da non potere essere ricondotte alla sola predisposizione biologica. E possiamo considerare questo fatto una valida esemplificazione di ciò che intendiamo parlando di basi «naturali» del pregiudizio: esse possono vedersi come delle predisposizioni, espressioni di processi e meccanismi che hanno una loro logica e una loro funzionalità; ma non possono spiegare il pregiudizio nella sua completezza di fenomeno sociale e culturale, né tantomeno sostenere una sua presunta inevitabilità nelle forme in cui l'abbiamo finora conosciuto.

La necessità psicologica di semplificare il mondo

Se la spiegazione biologica del pregiudizio rimane in qualche modo un campo da specialisti, e suscita probabilmente più perplessità che consensi, molto più diffuse sono le spiegazioni che fanno riferimento alle caratteristiche proprie della mente umana, vale a dire al modo in cui l'essere umano raccoglie ed elabora le informazioni del mondo esterno. Si tratta della cosiddetta spiegazione cognitiva del pregiudizio, oggi molto in voga grazie anche alla grande quantità di risultati sperimentali cui ha dato luogo, ma anche contestata con l'accusa di fornire una base scientifica all'opinione che il pregiudizio sia parte ineliminabile dei processi mentali umani. La storia di questo modo di vedere il pregiudizio si può far iniziare con l'opera dello psicologo americano Gordon Allport, che nel 1954 pubblicò un importante volume, dal titolo *La natura del pregiudizio*, nel quale si descrivevano i processi mentali sui quali il pregiudizio si basa, con una impostazione che è rimasta nella sostanza invariata anche negli sviluppi recenti di questa prospettiva. Uno dei primi capitoli di quel libro si intitolava proprio *La normalità del pregiudizio*, volendo con ciò indicare che per una piena comprensione del fenomeno non si può non riconoscere che esso si fonda in definitiva su una esasperazione di processi che però per loro natura sono assolutamente ordinari.

La categorizzazione: mettere insieme cose simili. L'idea di base è che il sistema cognitivo, di fronte alla estrema complessità del mondo e alla sovrabbondante mole di dati che da esso provengono, ha come sua necessità prima quella di ridurre e semplificare la massa delle informazioni da trattare; e che lo strumento principale per ottenere questo scopo è il raggruppamento delle informazioni elementari in insiemi omogenei, definibili come *categorie*, che possano essere trattati come un tutto unico. È in pratica il processo di astrazione, del quale si sono da sempre interessati i filosofi, a partire da Aristotele, e del quale la moderna psicologia cognitivista è impegnata a spiegare in dettaglio le modalità di funzionamento.

La semplificazione tramite categorie si applica in continuazione sia al mondo fisico che a quello sociale, e rappresenta un modo non solo naturale e normale, ma, questo sì, assolutamente inevitabile di conoscere, di rapportarsi agli eventi e anche di comunicare; in fondo i concetti, che sono alla base del pensiero ma anche del linguaggio e della comunicazione, sono fondati proprio sulla facoltà di astrazione e generalizzazione, in base alla quale raggruppiamo gli oggetti del mondo in classi assegnando loro un nome valido per l'intera classe. È ciò che succede ad esempio quando si dice «penna» intendendo un oggetto atto a scrivere e ignorando le grandi differenze fra una comune penna a sfera e una raffinata stilografica.

Applicata al mondo sociale, la categorizzazione porta a vedere gli altri in base ai possibili criteri in cui sono raggruppabili e in funzione delle nostre necessità del momento, attribuendo poi ai singoli individui le caratteristiche che definiscono l'intera categoria; e anche questo può considerarsi come un processo insieme utile e inevitabile. Se abbiamo bisogno di un vigile urbano ci indirizzeremo verso chiunque vesta una certa divisa, senza preoccuparci di raccogliere altre informazioni su quella persona; e presumiamo che essa, proprio per la divisa che porta, conosca le strade della città o l'ubicazione della più vicina stazione di taxi. È evidente che la vita sarebbe veramente molto difficile se non potessimo utilizzare un tale processo di generalizzazione, e dovessimo ad esempio preoccuparci che quella persona con quella divisa possa, ad esempio, usare l'arma di cui è dotata per aggredirci.

Come abbiamo visto in precedenza, il meccanismo in base al quale operano stereotipi e pregiudizi è in pratica lo stesso. Si tratta infatti anche in quel caso di ritenere che gli individui che appartengono a una certa categoria siano in possesso di tratti che si suppongono tipici della categoria stessa: le donne considerate a priori sensibili ed emotive, gli scozzesi avari, e così via; ed è proprio per questa similarità fra i processi ordinari di semplificazione del mondo e quelli che vengono adoperati nel caso degli stereotipi e dei pregiudizi che le spiegazioni di tipo psicologico di tali fenomeni subiscono spesso l'accusa di considerarli normali e inevitabili.

Quando la categorizzazione diventa pregiudizio. La differenza sostanziale fra l'uso delle categorie come strumento ordinario di classificazione del mondo e la loro utilizzazione distorta nel caso di pregiudizi e stereotipi sta nel motivo per cui un determinato tratto entra a far parte della categoria.

Nell'uso ordinario il possesso dei requisiti di base, cioè di quelli che definiscono la categoria, è condizione necessaria e sufficiente per l'inclusione nella categoria, sicché tutti i membri, per definizione, devono possederli, mentre d'altro canto è irrilevante il possesso di altri requisiti che non sono implicati nella definizione; ad esempio il colore degli oggetti, pur essendo un tratto molto evidente, di solito non entra nella loro classificazione, in quanto viene ritenuto non informativo (ovviamente a meno che entri direttamente nella definizione, come potrebbe essere ad esempio per i segnali stradali).

Nel caso di stereotipi e pregiudizi invece si verifica quasi sempre una estensione dai requisiti di base che definiscono la categoria e che sono relativi ad appartenenze sociali, a requisiti del tutto accessori che invece sono di tipo psicologico, e riguardano i tratti di personalità, le disposizioni, le qualità morali. Questi ultimi vengono associati ai primi in maniera molto stretta, finendo per diventare in qualche modo anch'essi parte della definizione, e stabilendo dunque in modo arbitrario una corrispondenza fra la definizione oggettiva (in termini di appartenenza) e quella soggettiva (in termini di disposizioni).

Tale progressivo allargamento del significato, per cui ai criteri originali di classificazione si aggiungono altri criteri che hanno un legame via via più sfumato e non dimostrato con i primi, è dunque uno degli elementi di più evidente differenza fra il processo psicologico di base usato per la conoscenza del mondo tramite categorie e concetti e la sua applicazione, spesso in termini di stereotipi e pregiudizi, nel caso di gruppi e categorie sociali. Possiamo dire che un determinato tratto diventa tanto più un elemento di stereotipo indebito quanto più si discosta dalla ragione originale che ha indotto il raggruppamento in categoria di quegli individui. Ad esempio: è del tutto ragionevole aspettarsi che un ingegnere sappia progettare case e conosca la matematica; è un po' meno scontato, ma non del tutto illogico, aspettarsi che proprio in relazione al suo lavoro e alla sua formazione egli/ella abbia una mentalità di tipo pragmatico e razionale piuttosto che non romantico o idealistico; diventa un elemento di stereotipo negativo o fonte di indebita discriminazione il fatto di considerare per questo tale persona, magari anche a dispetto di prove contrarie, come scostante e non generosa.

L'inferenza: andare oltre le informazioni disponibili. La ragione per cui, nell'applicazione al campo sociale, si verifica questa sistematica estensione dalle caratteristiche oggettive a quelle soggettive ha a che fare sempre con le modalità di funzionamento e i limiti del sistema cognitivo.

Nel rapporto con le persone noi abbiamo la necessità di poter fare il più rapidamente possibile delle previsioni sulle loro qualità e sul loro possibile comportamento, per valutare se l'interazione potrà raggiungere gli scopi che ci prefiggiamo, e dunque se è per noi conveniente interagire con esse. Se ci accostassimo agli altri davvero nella condizione della *tabula rasa* cui pensava Bacone, per compiere tale valutazione dovremmo esaminare ogni volta una gran massa di informazioni *prima* di decidere se avere o no rapporti, se fidarci o meno, quale tipo di comportamento assumere, il che sarebbe certo poco funzionale. La conoscenza del mondo libera da cognizioni preventive all'esperienza presenterebbe, a fronte del vantaggio in termini di «oggettività» della conoscenza stessa, almeno due grossi svantaggi: il primo è che si tratterebbe di un processo lungo e faticoso, per la grande quantità di informazioni da trattare; il secondo è che ci costringerebbe a passare anche attraverso le esperienze negative per poter emettere i nostri giudizi; infatti prima di capire che l'interazione con una persona sarebbe per noi improduttiva o perfino pericolosa dovremmo di fatto averci a che fare, e questo non sarebbe per noi utile.

È per questo che attiviamo un processo detto di *inferenza*, che ci porta a prevedere la corrispondenza fra certi tratti immediatamente rilevabili e certe più nascoste caratteristiche soggettive e disposizioni comportamentali; esso può indurci in errore in alcuni casi, ma nel complesso funziona come un mezzo tutto sommato efficace di orientamento delle scelte e delle interazioni. In fondo tutto il nostro mondo relazionale si regge su questo criterio: scegliamo di interagire con quelle persone che il nostro sistema di inferenza ci segnala come più probabilmente in possesso delle caratteristiche che ci interessano.

Ma come per il processo di categorizzazione, anche per

quello di inferenza esiste almeno una importante differenza fra il suo uso che possiamo definire ordinario e l'uso distorto nel caso dei pregiudizi e degli stereotipi: l'uso ordinario del processo nella nostra vita quotidiana porta infatti di solito a prevedere certe caratteristiche personali e comportamentali a partire dalla osservazione di alcuni tratti anch'essi di tipo soggettivo; mentre nel caso di stereotipi e pregiudizi si tende a collegare in maniera arbitraria caratteristiche oggettive e di appartenenza sociale con caratteristiche personali. Valutare un nostro occasionale compagno di viaggio come possibile partner di conversazione sulla base del fatto che sta leggendo un libro che noi troviamo interessante è un'utile e probabilmente efficace inferenza; fare la stessa valutazione in base alla sua età, sesso, appartenenza sociale o luogo di provenienza rischia di essere il prodotto di stereotipi indebiti.

La percezione di omogeneità delle categorie sociali. Abbiamo visto fin qui in che modo due processi ordinari della mente, tra loro strettamente connessi, si possono ritrovare in maniera eccessiva o distorta nel caso di stereotipi e pregiudizi: la normale tendenza a percepire gli oggetti di conoscenza in classi distinte viene utilizzata per definire i gruppi sociali in funzione di criteri socialmente e culturalmente non neutri; la normale tendenza all'inferenza di tratti sconosciuti a partire da tratti conosciuti ed evidenti viene utilizzata per passare da caratteristiche oggettive e di appartenenza sociale a caratteristiche soggettive e comportamentali.

Un terzo processo ordinario che viene esasperato nel caso di stereotipi e pregiudizi è il fenomeno che viene definito di *accentuazione percettiva*, che consiste nella tendenza a percepire gli oggetti che sono inclusi in una stessa categoria come più simili tra loro di quanto siano nella realtà, e a percepire invece come più diversi di quanto realmente sono gli oggetti che siano inclusi in categorie diverse. Pensiamo ad esempio alla grande difficoltà che di solito si ha nel distinguere tra loro anche dal punto di vista fisico gli individui che appartengono a un gruppo etnico molto diverso dal nostro: i giapponesi o gli africani ci sembrano tutti uguali e occorre spesso uno sforzo maggiore per memorizzare e riconoscere la fisionomia nota di uno di loro con cui siamo entrati in più stretti rapporti.

In effetti, come si è detto, quello della omogeneità è un requisito di base per la stessa costituzione della categoria, e rappresenta il motivo della sua utilità, che sta appunto nella possibilità di trattare l'intero gruppo come un'unità, e di non dover quindi procedere ad apposite elaborazioni di informazioni per ogni individuo del gruppo. Il fatto è che di solito, proprio per conservare l'utilità della categoria come strumento di conoscenza, si tende a forzare l'omogeneità, considerando i gruppi più omogenei di quanto siano effettivamente. Nel caso specifico del pregiudizio e degli stereotipi tale forzatura dell'omogeneità del gruppo si estende anche ai tratti psicologici, che come si è appena visto vengono spesso associati ai tratti fisici e di appartenenza sociale. Si crea così l'impressione che il profilo tipico del gruppo sia distribuito in modo uniforme nel gruppo stesso, una sorta di legame quasi automatico e necessario fra l'appartenenza al gruppo e il possesso di determinati tratti.

Senonché invece nella realtà tale legame, ammesso pure che esista, è solo di tipo probabilistico, come abbiamo già visto parlando dei caratteri nazionali: può essere abbastanza plausibile che gli abitanti del nord dell'Europa siano meno espansivi e più ordinati di quelli del sud, ed è la stessa differenza che ci si può aspettare, poniamo, tra ingegneri e poeti; l'essenziale è rendersi conto che questi tratti, pure ammesso che siano tipici del gruppo, non sono distribuiti in maniera omogenea nel gruppo stesso e che l'individuo reale che ci si trova davanti può essere per vari motivi anche molto diverso dal profilo caratteristico. Ed è appena il caso di sottolineare come di norma tale indebita generalizzazione non avviene a caso o secondo criteri socialmente neutri: essa viene invece molto spesso utilizzata proprio per marcare confini, sancire disuguaglianze e confermare un certo sistema di relazioni sociali. Ma ciò rinvia evidentemente a un livello di analisi del tutto diverso, ed è un dato che non può certamente essere spiegato solo con riferimento ai processi di base che vengono coinvolti.

Appartenenza sociale, relazione tra i gruppi e immagine di sé

Le spiegazioni fin qui esaminate fanno riferimento a processi che si possono ritenere tipici dell'essere umano in quanto tale, e che si manifestano dunque nell'agire quotidiano dell'individuo come parte del suo modo ordinario di essere e di interagire con gli altri. Altre spiegazioni ritengono invece che pregiudizi e stereotipi siano il risultato non tanto di caratteristiche proprie del sistema cognitivo, quanto piuttosto di speciali processi psicologici che si attivano nel rapporto fra l'individuo e il suo contesto sociale, e che porterebbero a una tensione pressoché automatica fra il gruppo di appartenenza (spesso indicato come *in-group*) e gli altri gruppi (detti *out-groups*).

Identità personale e identità sociale. Il principale di tali processi riguarda l'effetto dell'appartenenza sociale nella formazione dell'*identità* dell'individuo. Definiamo *identità* l'idea che ognuno ha di se stesso, sintesi complessa di una certa immagine della propria storia personale, di opinioni circa le proprie possibilità e capacità, di aspettative circa il futuro e in definitiva di convinzioni circa il proprio posto nel mondo; ed è facile capire che l'identità così definita è un elemento costitutivo della stessa essenza psicologica dell'individuo, e rappresenta uno dei principali criteri per comprendere quello che l'individuo fa o pensa. Essa è il risultato però non di una riflessione solitaria, nella quale l'individuo esamina gli elementi «oggettivi» che costituiscono la propria persona, ma di un continuo processo di confronto sociale, nel corso del quale l'individuo impara a valutare se stesso in relazione agli altri; e inoltre tale confronto avviene non tanto con gli altri individui presi singolarmente quanto piuttosto con i raggruppamenti degli individui in categorie sociali, secondo i principi che abbiamo sopra descritto. Così in definitiva dalla conoscenza del mondo sociale in quanto diviso in categorie e gruppi l'individuo trae informazioni non solo sugli altri, ma anche su se stesso, ricavando una parte rilevante della propria immagine di sé dall'immagine che ha del proprio gruppo, degli altri gruppi, e dei rapporti complessivi fra i gruppi nei quali percepisce divisa la società.

Un punto decisivo è il fatto che, dato lo stretto legame fra l'identità personale e l'appartenenza sociale, l'individuo tenderà ad applicare anche ai gruppi di cui fa parte le tecniche di miglioramento dell'autostima che abitualmente usa per se stesso. Sappiamo infatti che, a causa della centralità dell'identità nell'economia psicologica dell'individuo, di solito si mettono in atto tutta una serie di tecniche per tenere quanto più possibile alta l'opinione di sé: si tenderà ad esempio ad attribuire i nostri successi alle nostre qualità personali e i nostri insuccessi, invece, a circostanze esterne piuttosto che a nostri demeriti; a frequentare le persone dalle quali può venire una conferma per la nostra autostima positiva; a confrontarci con quelle persone con le quali il confronto risulti più probabilmente per noi positivo; a valutare come molto alto il nostro contributo nelle situazioni sociali, e così via. Tutte queste tecniche sono utilizzate allo stesso modo, e spesso addirittura ancora più esaltate, con riferimento ai propri gruppi di appartenenza, in una strategia complessiva che viene definita di *favoritismo di gruppo*: considerare sistematicamente in modo più positivo tutto ciò che riguarda il proprio gruppo e in modo più sfavorevole ciò che riguarda gli altri gruppi.

Il favoritismo per l'in-group. Su questo tema sono stati prodotti diversi interessanti risultati nell'ambito della psicologia sociale, i quali dimostrano come questi processi operino in modo pressoché automatico e con una forza eccezionale.

Forse i più noti di questi studi sono quelli che i coniugi Carolin e Muzafer Sherif effettuarono agli inizi degli anni '60 con ragazzi che frequentavano alcuni campi estivi. I partecipanti al campo venivano divisi in gruppi in modo arbitrario, e cioè non in base a variabili che potessero ricondurre in qualche modo a identità collettive precedenti (come la provenienza geografica), e anzi badando a separare i gruppi già costituiti o anche solo le coppie di amici. Quindi si usavano diversi accorgimenti per sottolineare la divisione in gruppi e l'appartenenza di ciascuno, ad esempio il fatto che a ciascun gruppo fosse assegnato uno specifico colore, il quale caratterizzava anche gli ambienti in cui i ragazzi di quel gruppo vivevano e i loro oggetti di uso quotidiano. Questa semplice etichettatura dei gruppi era sufficiente a innescare una dinamica *in-group/out-group*, con evidenti atteggiamenti e comportamenti di ostilità reciproca, e ciò prima ancora che gli sperimentatori, come avevano intenzione di fare, provvedessero a mettere i due gruppi in competizione. Si sviluppavano e si diffondevano opinioni negative sull'altro gruppo, le quali assumevano le caratteristiche di veri e propri stereotipi; si creavano simboli e codici in grado di rafforzare il senso di appartenenza; e una volta intrapresa la competizione, si tendeva sistematicamente a sopravvalutare i risultati dei membri del proprio gruppo. A un certo punto il livello di tensione diventò tale che i ricercatori dovettero in qualche modo sospendere l'esperimento, ridimensionando quella parte che prevedeva alcuni accorgimenti per forzare la competizione: essa si era infatti innescata in modo automatico, e mostrava di non aver alcun bisogno di essere ancora esaltata. Si rese necessario, al contrario, provvedere a ricomporre l'armonia complessiva; e tale obiettivo fu raggiunto proponendo ai ragazzi degli scopi comuni, per i quali fosse necessaria non la competizione ma la collaborazione (ad esempio, lavorare assieme per recuperare il furgone dei rifornimenti che i ricercatori, fingendo un incidente, avevano messo fuori strada).

Un'altra nota serie di esperimenti, nella quale si dimostra in modo forse ancora più sorprendente la forza dei processi di favoritismo di gruppo, è quella effettuata con i cosiddetti «gruppi minimali». L'iniziatore di questo filone di ricerche è stato Henri Tajfel, uno psicologo di origine polacca che ha poi lavorato a lungo presso l'Università di Bristol e che si può considerare per molti aspetti uno dei più influenti esponenti della psicologia sociale europea. Il problema che Tajfel e i suoi collaboratori volevano studiare era quali fossero le condizioni minime in grado di innescare il favoritismo di gruppo, e in particolare se tale favoritismo potesse attivarsi anche in assenza di ogni vantaggio per l'individuo e in assenza di una reale dinamica di gruppo fatta di conoscenza reciproca, interazione, condivisione di simboli, e così via. Nella situazione sperimentale tipica i soggetti, in genere studenti adolescenti, venivano divisi in modo pressoché arbitrario (cioè con un criterio irrilevante) in due gruppi, e a ciascun soggetto veniva comunicata la sua appartenenza ma non la composizione del gruppo, nel senso che ciascuno ignorava chi altri facesse parte del gruppo. Quindi a ciascuno era offerta la possibilità di decidere con quale criterio andavano distribuite delle risorse (denaro o altri premi) fra un certo componente del proprio gruppo (anonimo, indicato con un numero) e uno dell'altro gruppo (anch'esso anonimo), essendo in ogni caso esclusa la possibilità di assegnare premi a se stesso. Il soggetto poteva decidere in che modo effettuare tale elargizione scegliendo una fra diverse proporzioni di distribuzione che gli venivano proposte e queste proporzioni erano costruite in modo tale che la scelta compiuta segnalava la strategia che il soggetto stava perseguendo.

Tre strategie erano sottoposte a verifica: una, che poteva

forse considerarsi la più ragionevole dal punto di vista di ragazzi che volessero guadagnare qualche soldo, portava a ottenere il *massimo profitto comune*, cioè a fare in modo che gli sperimentatori elargissero la maggior quota possibile di denaro agli studenti nel loro insieme; una seconda, detta del *massimo profitto del gruppo di appartenenza*, puntava a ottenere il massimo per i soggetti del proprio gruppo, anche a scapito del profitto complessivo degli studenti; una terza invece puntava alla *massima differenza* fra il guadagno del proprio gruppo e il guadagno dell'altro gruppo, a prescindere dai livelli assoluti di guadagno. I risultati hanno costantemente indicato la prevalenza delle strategie di massimo profitto del gruppo di appartenenza e di massima differenza; e quando queste due strategie erano poste in conflitto, nel senso che volendo aumentare la differenza fra i gruppi si era costretti a diminuire il vantaggio in termini assoluti del proprio gruppo, era la terza strategia a prevalere: pur di tenere alta la differenza, i soggetti erano disposti a compromettere non solo il guadagno di tutti gli studenti, ma anche il guadagno possibile del proprio gruppo. Tutto ciò, ricordiamo, in assenza di qualsiasi criterio atto a definire il gruppo come tale, e in particolare senza sapere chi fossero i beneficiari dei propri interventi.

Le espressioni della preferenza per l'in-group. Sembrerebbe dunque che la tendenza a identificarsi in un gruppo e a favorirlo nel confronto con gli altri gruppi sia, almeno nella nostra cultura, una tendenza per certi aspetti basilare, e molta ricerca si è indirizzata a illustrare nei dettagli i meccanismi attraverso i quali tale favoritismo si esprime. Alcuni sono simili a quelli usati nel caso del favoritismo per se stessi, come ad esempio attribuire il successo o le azioni positive del proprio gruppo ai suoi meriti e l'insuccesso o le azioni negative a circostanze esterne; oppure percepire più facilmente le informazioni che confermano la bontà del proprio gruppo rispetto a quelle che la smentiscono. Altri sono più specifici della dimensione collettiva nella quale si svolgono questi fenomeni: ad esempio il fatto che il gruppo esterno viene di solito considerato non solo più negativamente, ma anche più omogeneo del proprio, sicché anche i tratti negativi vi sarebbero distribuiti in maniera uniforme.

In questa prospettiva gli stereotipi e i pregiudizi non sarebbero altro che la manifestazione nel linguaggio, nelle immagini, negli atteggiamenti e nel comportamento, del favoritismo per il gruppo di appartenenza. Un esempio di come il favoritismo per il proprio gruppo si esprima anche in modo molto sottile nel linguaggio e nella comunicazione è il seguente: alcune ricerche hanno dimostrato come nel parlare di azioni positive del proprio gruppo o di azioni negative di altri gruppi si tende a usare termini più astratti, atti a indurre una maggiore generalizzazione (il proprio gruppo agisce sempre bene; gli altri gruppi sempre male); mentre nel parlare di azioni negative del proprio gruppo o di azioni positive di altri gruppi si usano termini più concreti, che spingono a relativizzare il fatto (si tratta di eventi in qualche modo eccezionali e difficilmente ripetibili).

Altre ricerche che colpiscono molto sono quelle nelle quali si è mostrato come la preferenza per il proprio gruppo agisca in modo pressoché automatico, al di sotto del livello della coscienza, orientando la percezione e la valutazione degli stimoli. In una di queste, ai soggetti venivano presentate diverse parole caratterizzabili in quanto positive oppure negative, e il loro compito consisteva nel decidere il più rapidamente possibile, premendo un apposito pulsante, se esse fossero appunto positive o negative. Prima di ciascuna parola veniva però presentata per un tempo brevissimo, non sufficiente al pieno riconoscimento ma sufficiente per una percezione al di sotto del livello di coscienza, un'altra parola che aveva a che fare con appartenenze di gruppo, in particolare pronomi di *in-group* (noi, nostro) oppure pronomi di *out-group* (essi, loro). I risultati mostran0 che il tempo di decisione è più breve quando parole positive sono precedute da un pronome di *in-group* o quando parole negative sono precedute da un pronome di *out-group*, e più lungo nei casi inversi, cioè quando parole positive sono associate a pronomi di *out-group* o parole negative a pronomi di *in-group*. La maggiore rapidità nei casi di congruenza fra la parola da giudicare e lo stimolo di gruppo indicherebbe che la disposizione positiva verso l'*in-group* e negativa verso l'*out-group* si sarebbe ormai consolidata come meccanismo di reazione automatica, del quale l'individuo è del tutto inconsapevole.

La psicologia è razzista? Il complesso dei dati e delle teorie di ambito psicologico hanno portato a sviluppare nei confronti della psicologia e della psicologia sociale un'accusa di oggettivo sostegno alle possibili giustificazioni dei pregiudizi e dell'intolleranza. Secondo questa accusa, avendo mostrato la naturalità dei processi di categorizzazione e di inferenza, il radicamento dell'identità nelle dinamiche di gruppo, l'innesco immediato della conflittualità fra *in-group* e *out-group*, la forza del favoritismo per l'*in-group* e l'automaticità dei processi di valutazione legati al gruppo di appartenenza, l'approccio psicologico porterebbe in sostanza a concludere che il pregiudizio è qualcosa di inevitabile, risultato del nostro modo di essere, del nostro modo di elaborare le informazioni, del nostro modo ordinario di rapportarci agli altri. Né vale a mitigare tale impressione di oggettivo sostegno all'intolleranza il fatto che la quasi totalità di queste ricerche sia stata avviata proprio per capire, controllare e ridurre i fenomeni di ostilità e intolleranza, o il fatto che la storia personale di molti degli studiosi in questione sia tale da escludere in maniera tassativa ogni sospetto di connivenza anche solo implicita con ideologie e pratiche discriminatorie. Si pensi ad esempio che Gordon Allport, che abbiamo indicato come iniziatore del filone di interpretazione cognitivo, fu a lungo consulente delle autorità statunitensi nella lotta contro la segregazione razziale, e che Henri Tajfel, ebreo, sperimentò di persona con la distruzione della propria famiglia gli aspetti più cruenti dell'intolleranza e dell'odio razziale.

Come nel caso delle basi biologiche dell'ostilità nei confronti dei diversi esaminate in precedenza, anche qui si tratta di stabilire una netta differenza fra i processi in sé, che possono anche avere una base naturale, e l'utilizzazione di tali processi, che ha sempre una fortissima componente di tipo sociale e culturale. Che si percepisca il mondo sociale organizzato in categorie è senz'altro un fatto naturale e inevitabile, così come è probabilmente naturale che una parte consistente della propria identità sia radicata nelle appartenenze di gruppo e anche in processi di confronto e competizione fra i gruppi. Ma non è detto che tale percezione e tale confronto non possano avvenire in maniera serena e costruttiva, basata sul rispetto reciproco e sulla tolleranza invece che in maniera ostile e distruttiva, basata sull'odio e sulla discriminazione.

L'influenza dei fattori sociali e culturali è poi particolarmente evidente in uno degli elementi principali di questo tipo di spiegazione, cioè il fenomeno del favoritismo per l'*in-group*. È stato dimostrato, infatti, come tale favoritismo sia tutt'altro che omogeneo e stabile quando si passa dalla situazione controllata del laboratorio sperimentale alla vita vera, e che le sue espressioni concrete sono dipendenti dal contesto anche istituzionale in cui si svolgono i rapporti fra i gruppi reali. Ad esempio, in funzione della posizione di dominanza o sottomissione dei gruppi si può osservare talvolta anche un favoritismo per l'*out-group* invece che per l'*in-group*, nel senso che i gruppi dominati possono assumere come ideale positivo il gruppo dominante, e sviluppare quindi un orientamento a questo favorevole. Molte ricerche hanno dimostrato che il favoritismo per l'*in-group*, pur potendosi considerare una risposta in qualche modo quasi automatica dell'individuo alla situazione di confronto intergruppo, dipende largamente, nella sua attuazione pratica in contesti di vita reale, dal giudizio globale che la specifica cultura assegna ai gruppi in questione.

In definitiva, dunque, si può dire che è opportuno vigilare affinché le spiegazioni di tipo psicologico (come del resto quelle di tipo biologico) non siano utilizzate per giustificare come inevitabile l'intolleranza; ma anche che non si è per questo autorizzati a rifiutare in blocco, come pure da certe parti si propone, ogni spiegazione che faccia riferimento a una possibile base naturale, al livello psicologico, dei processi coinvolti. In quest'ultimo caso, infatti, ci si condannerebbe a una comprensione incompleta dei fenomeni, e dunque anche, come vedremo meglio più avanti, a interventi poco efficaci.

Appartenenza socioculturale e ostilità verso l'altro

Le teorie psicosociali dell'identità sociale e delle relazioni intergruppo costituiscono una spiegazione di pregiudizi e stereotipi che, pur mantenendo un'attenzione molto alta per il ruolo dei processi mentali, sposta l'accento sulle dinamiche sociali con le quali quei processi mentali interagiscono. Tale spostamento di accento sulla dimensione sociale è ancora più marcato nelle spiegazioni che sono state fornite nell'ambito della sociologia e dell'antropologia.

Possiamo dire che il nocciolo della spiegazione socioantropologica del favoritismo per il proprio gruppo (e dunque della parallela tendenza a svalutare e osteggiare gli altri gruppi) è il nostro bisogno di percepirci come parte di un insieme omogeneo di persone legate da scopi comuni, da una comune visione del mondo, dagli stessi valori e dalla stessa concezione del bene e del male. Come abbiamo già notato riferendo delle spiegazioni sociobiologiche, ciò che rende la comune appartenenza così importante per l'individuo è il fatto di offrirgli protezione e sostegno nella vita quotidiana. Tale funzione di protezione si svolge non solo in rapporto a situazioni eccezionali, come possibile aiuto in caso di difficoltà o minacce di vario tipo; essa avviene invece costantemente, in termini di continua conferma della bontà del proprio modo di pensare e di rapportarsi al mondo e dunque di rassicurazione sul fatto che il proprio agire risulterà il più possibile efficace e appropriato agli scopi. Sentirsi parte di una comunità, in altre parole, significa dare e ricevere costante conferma del proprio modello culturale, dare senso a ciò che si fa, alla propria storia, ai propri progetti per il futuro, sentirsi parte di un sistema di regole che si conoscono bene e dal quale ci si sente garantiti.

Conseguenza di tutto ciò è la tendenza, pressoché universale, all'*etnocentrismo*, concetto che possiamo assumere a sintesi delle spiegazioni socioantropologiche del pregiudizio e degli stereotipi: la propria cultura di appartenenza considerata come il centro dell'universo, rispetto alla quale tutte le altre vengono valutate comparativamente e sono considerate *a priori* come inferiori e potenzialmente pericolose. In questa prospettiva ogni cultura sviluppa opportuni accorgimenti per sancire l'identità collettiva: l'esaltazione anche in chiave mitologica delle radici comuni, l'adozione di simboli evidenti che segnalino l'appartenenza comune, l'enfasi sulla propria superiorità in quanto gruppo, e complessivamente una decisa sottolineatura delle differenze rispetto agli altri. Di tale sforzo per sancire l'appartenenza fa parte, potremmo dire in modo organico, l'individuazione e la sanzione dei nemici, i quali sono non solo coloro che possono minacciare il gruppo nella sua sopravvivenza e nei suoi diritti, ma anche coloro che, per il semplice fatto di non appartenere al gruppo e dunque di condividere altri modelli culturali, mettono in discussione l'identità del gruppo e l'efficacia della sua visione del mondo. L'operazione di individuazione del diverso è tanto utile per la definizione dell'identità di gruppo che la qualità di nemico viene di solito molto enfatizzata e in qualche caso inventata di sana pianta con la funzione di rinsaldare la coesione del gruppo.

Una conseguenza del senso di appartenenza collettiva e dell'etnocentrismo è il fatto che le usanze e la cultura del gruppo diventano qualcosa di imperativo per i singoli. L'individuo si trova in definitiva soggetto a quella che Franz Boas, uno dei primi e più autorevoli antropologi, definì con espressione efficace la «tirannia dei costumi»: vincolato alla propria cultura non può che comportarsi come essa prescrive e perfino pensare nel modo in cui il suo gruppo prevalentemente pensa. Ma di norma ciò non è sentito come un peso o come un obbligo; al contrario, anche laddove non siano codificati in precetti o in valori morali, tanto gli obiettivi del gruppo quanto i modi condivisi con cui essi sono perseguiti diventano oggetto di profondo rispetto da parte dell'individuo, e finiscono per assumere un carattere quasi etico. Rispettare e difendere la propria cultura diviene un valore in sé, e la lotta contro i nemici finisce per essere sentita come un dovere morale, il fine che giustifica anche la trasgressione di altri valori, quali ad esempio quello dell'uguaglianza o del rispetto della persona.

Per avere un'idea della forza con cui queste dinamiche operano si può osservare quello che accade in tutte le situazioni storiche in cui sono attivi movimenti indipendentisti e separatisti, dai Paesi Baschi all'Irlanda al Kurdistan, o nelle situazioni di più forte conflittualità interetnica: laddove un insieme di persone si riconosca come unità omogenea, definendosi come un popolo con tradizioni, lingua, religione e usanze diverse, si attiva un potente sforzo collettivo per sancire, rivendicare o difendere la differenza e con essa il diritto all'autonomia. Tutti i possibili segni dell'identità collettiva vengono esaltati e si irrigidiscono gli stereotipi riguardanti l'altro gruppo, quello dal quale ci si vuole dichiarare distinti. Sappiamo che purtroppo in tali contesti il sommarsi dei processi psicoculturali con dinamiche antiche di tipo economico, politico, religioso produce spesso effetti drammatici e cruenti; ed è questo un esempio dell'integrazione che necessariamente deve esistere fra le varie spiegazioni della conflittualità fra diversi. Sarebbe un serio errore di superficialità credere di poter spiegare la conflittualità interetnica (specie nei suoi aspetti più gravi) solo in termini di pregiudizi e stereotipi che ciascun gruppo sviluppa nei confronti dell'altro; ma sarebbe altrettanto un errore limitarsi alle spiegazioni di tipo storico ignorando i modi concreti con cui la conflittualità si realizza al livello di vita quotidiana e si traduce in motivazione per l'individuo. L'ostilità fra due popoli ha quasi sempre radici antiche e complesse, ma di fatto l'individuo ha bisogno di una potente struttura di simboli condivisi per ritenere che sia non solo possibile, ma perfino moralmente giusto combattere il diverso anche con la violenza.

La costruzione sociale del pregiudizio

Un ultimo tipo di spiegazione che fa riferimento all'esasperazione di processi in qualche modo ordinari è quella che considera il pregiudizio e gli stereotipi in quanto prodotti di un costante processo collettivo di assegnazione di senso alla realtà. Se per le diverse spiegazioni psicologiche il pregiudizio risiede nei processi, consci o inconsci, dell'individuo, e per le spiegazioni sociologiche e psicosociali esso deriva dalle dinamiche di identità collettiva e di rapporto fra i gruppi, nella prospettiva della costruzione sociale esso viene visto in quanto sedimentazione di conoscenza e di memoria collettiva, una sorta di archivio storico del modo in cui una certa comunità concepisce, descrive e spiega il rapporto tra i gruppi, codificandolo in un sistema di simboli condivisi e di pratiche di interpretazione degli eventi riguardanti i gruppi. È un po' come se, secondo questa prospettiva, si rinunciasse a cercare la causa dei pregiudizi e degli stereotipi al di fuori di essi, in dinamiche psicologiche o sociali, e si spostasse l'accento dal *perché* al *come* essi si realizzano, considerando in definitiva le modalità della loro produzione e riproduzione sociale come la loro vera essenza e dunque anche, in definitiva, la vera causa della loro diffusione.

Viene in questo modo a perdere di significato quella distinzione, comune a molte spiegazioni del pregiudizio, fra una realtà «vera», che esiste nel mondo con sue caratteristiche proprie, e la sua rappresentazione soggettiva, che può essere «erronea» in quanto non corrispondente alle caratteristiche oggettive della realtà. Negli approcci che si definiscono costruzionisti la realtà è in qualche modo la sua rappresentazione: un fatto è tale non per sue caratteristiche intrinseche, ma perché qualcuno per scopi ben precisi e con il consenso di altri lo ha definito in quel modo. La «realtà» è una massa infinita e indistinta di eventi che non hanno un significato proprio; è nel processo di conoscenza che si seleziona una porzione definita di tali eventi assegnando loro un nome e descrivendoli in un certo modo soprattutto a fini di comunicazione con i propri simili. Ne consegue che la descrizione di un fatto non è qualcosa di accessorio, di indipendente dal fatto stesso, che può anche non avvenire o essere più o meno aderente a una presunta verità; essa è in qualche misura il fatto, in quanto senza tale descrizione ciò che chiamiamo «fatto» non sarebbe stato isolato dalla massa indifferenziata degli eventi.

Prendiamo ad esempio uno dei concetti fondamentali per la stessa definizione di stereotipi e pregiudizi, quello di categoria sociale: la maggior parte delle spiegazioni esaminate fin qui lo danno in qualche modo per scontato, concentrandosi a comprendere il motivo per cui si nutre un certo atteggiamento nei confronti di certe categorie sociali, le quali sono considerate come qualcosa di realmente esistente; per la spiegazione costruzionista, invece, anche il concetto di categoria è il prodotto di una costruzione collettiva operata nella comunicazione, e le categorie esistono in pratica solo in virtù della loro descrizione come tali. Gli omosessuali non sono una categoria più di quanto non lo siano le persone alte di statura o quelle a cui piacciono i romanzi d'avventura; diventano categoria allorché si definiscono e sono definiti dagli altri come una categoria, quando viene usata l'etichetta collettiva per indicarli, quando nell'opinione comune si associano determinate caratteristiche alla loro preferenza sessuale.

Per questi motivi grande rilievo viene assegnato alle pratiche comunicative nelle quali stereotipi e pregiudizi prendono forma e al contesto nel quale ciò avviene. La comunicazione è considerata infatti non un semplice veicolo con il quale pregiudizi e stereotipi (originati altrove e per altre cause) si diffondono, bensì la loro sede propria e in definitiva la loro sostanza; in particolare, si studiano due sedi che vengono considerate cruciali per la produzione e riproduzione di stereotipi e pregiudizi: i mezzi di comunicazione di massa e la comunicazione interpersonale quotidiana. Data l'esigenza di comprendere il contesto specifico nel quale la comunicazione avviene, tali analisi sono in genere molto dettagliate, distinguendo spesso in modo accurato tra i diversi bersagli del pregiudizio e tra i diversi momenti storico-sociali in cui esso si realizza. Un punto di particolare attenzione è la *struttura retorica* degli scambi comunicativi: l'ipotesi di fondo è che pregiudizi e stereotipi acquistino la loro forza a causa del modo specifico in cui si usano gli artifici classici della comunicazione persuasiva. A questo scopo vengono di solito esaminate in dettaglio le *argomentazioni* che di volta in volta sono usate a sostegno di certe interpretazioni dei fatti di gruppo, nella convinzione che è proprio tramite esse che si costituisce un modo collettivo di rapportarsi a eventi significativi.

Come si vede, si tratta di una prospettiva interessante, anche perché si pone in maniera esplicita l'obiettivo del controllo e della riduzione dei pregiudizi, denunciandone la natura di strumento ideologico. Ma occorre notare che, specie nelle versioni più radicali che si concentrano esclusivamente sulle pratiche di comunicazione sociale, c'è il rischio di perdere non solo il contributo derivante dalla conoscenza dei processi mentali, ma anche la consapevolezza delle cause sociali che sono alla base dell'uso ideologico del pregiudizio. Concentrarsi sul *come* si produce e si diffonde il pregiudizio può essere molto utile, a patto però che non si perda di vista il *perché*, nel quale soltanto, in ultima analisi, possono essere ricercate le vere ragioni sociali. Altrimenti si crea l'impressione che l'intero processo di costruzione sociale sia sostanzialmente accidentale, e non si comprende per quale motivo una certa caratteristica e non un'altra sia stata scelta in un determinato momento storico come base per la costruzione di uno specifico pregiudizio.

B. *Le cause eccezionali di stereotipi e pregiudizi*

Come si è detto, l'idea che stereotipi e pregiudizi siano da ricondurre a caratteristiche e processi (dell'individuo come della società) non ordinari e naturali, bensì anormali, eccezionali o patologici risulta a prima vista più rassicurante, nonché capace di spingere con più determinazione nella direzione della riduzione e del controllo di questi fenomeni. Senonché essa presenta anche il rischio di una facile de-responsabilizzazione delle persone (e delle società) che ritengono di potersi considerare «normali» e distanti dagli eccessi e dall'irrazionalità. Se riteniamo infatti che tanto l'intolleranza e la discriminazione quanto la conflittualità interetnica siano fenomeni che riguardano altri, lontani dal nostro livello di maturità e di civiltà, rischiamo di non riconoscere e dunque di non contrastare efficacemente le forme più sottili di ostilità verso l'altro che si manifestano nella vita quotidiana; una volta che abbiamo collocato noi stessi (e la nostra società) dalla parte giusta, cioè dalla parte della razionalità e della tolleranza, ci è possibile considerare le nostre manifestazioni di ostilità come comportamenti giusti, dovuti non a stereotipi e pregiudizi, ma a ragioni «oggettivamente» valide. È ciò che accade ad esempio nel cosiddetto *pregiudizio ragionevole*, che si esprime di solito con la formula «io non sono razzista, ma...» seguita da ogni sorta di considerazioni negative e intendimenti discriminatori nei confronti di minoranze etniche: una volta asserita in linea di principio la propria «normalità», si può far passare la propria ostilità per una valutazione neutra e basata su dati di fatto.

Tenendo presente questo rischio, è tuttavia molto utile riflettere sulle condizioni sia individuali che sociali che acuiscono l'ostilità fra appartenenti a gruppi diversi. Presenteremo dunque di seguito alcune delle spiegazioni di questo tipo che sono state fornite, seguendo anche in questo caso la direttrice che conduce da un livello più individuale (le deficienze o le patologie dell'individuo) a un livello più sociale (i problemi e le caratteristiche specifiche della società).

Le minoranze come capro espiatorio

Alcune spiegazioni della tendenza al pregiudizio fanno riferimento a difficoltà di tipo quasi patologico nelle dinamiche profonde dell'individuo e sono influenzate in maniera più o meno diretta da concezioni di tipo psicoanalitico. In tali spiegazioni l'ostilità nei confronti delle minoranze viene vista come un mezzo attraverso il quale l'individuo risolve in qualche modo i propri conflitti interni.

La più nota di tali spiegazioni è quella che considera l'ostilità verso le minoranze come una forma di aggressione verso un bersaglio sostitutivo, con la quale l'individuo scarica un eccesso di tensione psichica accumulatasi in lui in seguito alle frustrazioni che subisce nella vita quotidiana. Si tratta della cosiddetta teoria *frustrazione-aggressività*, che fu elaborata alla fine degli anni '30 da un gruppo di psicologi dell'Università di Yale guidati da John Dollard, e che ebbe particolare risonanza nell'ambiente americano in quanto fondeva alcune nozioni di derivazione psicoanalitica con uno schema interpretativo di matrice comportamentista: un certo comportamento (in questo caso l'aggressione verso le minoranze) viene infatti spiegato facendo riferimento da un lato a processi inconsci e a dinamiche istintuali, e dall'altro alla capacità degli stimoli ambientali di provocare in modo pressoché automatico una determinata risposta dell'individuo.

Il meccanismo, in sintesi, sarebbe il seguente. Secondo la concezione psicoanalitica, l'individuo agisce sempre sulla spinta di una tensione psichica che si attiva nel momento in cui egli si propone uno scopo e che si consuma nell'azione, cioè nel raggiungimento dello scopo stesso. Qualora gli sia impedito di raggiungere lo scopo, cioè in presenza di una *frustrazione*, la tensione rimane insoddisfatta e può anche accumularsi in grande quantità se lo stato di frustrazione persiste o si estende a molti ambiti di azione, creando uno stato di disagio al quale l'individuo può porre rimedio solo scaricando in qualche modo l'energia in eccesso. Uno dei modi è quello di aggredire ed eliminare la causa della frustrazione, ottenendo in tal modo di scaricare una parte di energia e di rimuovere l'ostacolo che si oppone al raggiungimento degli scopi. Ma ciò non è sempre facile, perché la causa della frustrazione spesso non è individuabile in una persona specifica (può essere ad esempio la situazione sociale complessiva) oppure perché si tratta di una persona più potente (un capo, un superiore gerarchico) o anche di una persona amata e dalla quale si dipende per altri versi (è il caso tipico dei genitori). Allora si verifica quella che in psicoanalisi si chiama la *dislocazione dell'aggressività*: essa si dirige verso un altro bersaglio nei confronti del quale l'aggressione sia più semplice, e di solito si tratta di soggetti sociali deboli, visibili e in condizioni di subordinazione, i quali svolgono dunque la funzione di *capri espiatori*.

La relativa semplicità di questo modello è stato uno degli elementi della sua fortuna, alla quale hanno contribuito anche una serie di ricerche molto note. In una di queste si è studiato l'andamento dei dati statistici nel corso di circa cinquant'anni (dal 1882 al 1930) nel sud degli Stati Uniti, e si è potuta verificare una correlazione inversa fra alcuni indicatori di benessere economico, fra cui il prezzo del cotone, e un indicatore di ostilità verso le minoranze, cioè il numero di linciaggi di neri: nella misura in cui la situazione economica peggiorava, cresceva il numero di episodi di aggressione nei confronti di neri, la quale poteva dunque essere interpretata come esito della frustrazione economica, secondo il modello sopra descritto. In un'altra ricerca, questa volta di tipo sperimentale, gli autori rilevarono dapprima gli atteggiamenti nei confronti di due minoranze (i messicani e i giapponesi) di un gruppo di giovani ospiti di un campo estivo, quindi sottoposero il gruppo ad alcune frustrazioni: fu loro impedito di passare fuori una serata alla quale tenevano molto, impegnandoli in alternativa nell'esecuzione di un test difficile e noioso; e inoltre i risultati del test furono falsati in modo da rendere il loro rendimento insoddisfacente. Quindi fu misurato di nuovo l'atteggiamento nei confronti delle minoranze, e si trovò che esso era sensibilmente peggiorato, mentre ciò non era accaduto con un gruppo di controllo che non aveva subito le frustrazioni.

Se questi e altri risultati di ricerca hanno confermato il modello interpretativo, molti altri l'hanno invece nella sostanza smentito, individuando il suo limite principale in un'eccessiva semplificazione del rapporto meccanico di causa ed effetto tra la frustrazione e l'aggressività. Si è notato che la frustrazione può avere effetti diversi dall'aggressione (ad esempio un ripiegamento su se stessi, come autoaggressività o anche sotto forma di apatia) e che d'altro canto l'aggressione può essere generata da cause diverse dalla frustrazione; ma soprattutto, come vedremo meglio fra breve, che ciò che conta non è il livello assoluto di frustrazione, ma quello percepito, in relazione alle aspettative (la percezione del proprio diritto e della propria capacità di raggiungere lo scopo) e in un confronto costante con ciò che succede agli altri.

Un altro tipo di spiegazione, che pure fa riferimento a dinamiche profonde, chiama in causa il processo psicologico della *proiezione*. Con questo termine si designa in ambito psicoanalitico uno dei modi più comuni con cui l'individuo risolve i propri conflitti interni, che consiste nell'attribuire ad altri («proiettandole» su essi) pulsioni e caratteristiche che non si possono accettare come parte della propria personalità. Così vengono attribuite alle minoranze tutta una serie di tratti negativi che di solito l'individuo è costretto a reprimere in se stesso e il quadro degli stereotipi può agevolmente essere visto come un campionario delle sanzioni che ciascune effettua su di sé. Nelle donne sono disprezzati i tratti della femminilità che gli uomini rifiutano di riconoscere in se stessi; gli ebrei raccolgono i tratti spregevoli dell'avidità e della furbizia; sul conto dei neri si caricano l'ipersensualità e la sudditanza agli istinti, oltre alla pigrizia e alla disaffezione al lavoro, e così via. Su alcune minoranze, poi, verrebbero proiettati non tanto gli istinti negativi che si rifiutano in sé, bensì il controllo e la manipolazione che si avvertono esercitati ai propri danni da parte del Super-Io e contro i quali si desidererebbe potersi scagliare: sarebbero conseguenza di ciò l'attribuzione, soprattutto ad alcune minoranze, di intenzioni di congiura, di perfidia, di furbizia e di una volontà di nuocerci in maniera sistematica e organizzata.

Una conseguenza di questo tipo di interpretazione è il fatto che ciascuno dei diversi pregiudizi richiede un'analisi differenziata, in quanto risponderebbe a istanze psicodinamiche diverse; e questo è un fatto interessante, che consente di cogliere sfumature e funzionalità che sfuggono laddove si tenti di fornire una spiegazione unica dei diversi pregiudizi. Si tratta nel complesso di una prospettiva interessante, ma che richiede un approfondimento molto specialistico, e il cui contributo risulta comunque fortemente vincolato alle caratteristiche cliniche dei singoli soggetti esaminati.

La personalità autoritaria

Un altro tipo di interpretazione dei pregiudizi molto comune è quella che chiama in causa non tanto specifiche dinamiche profonde, quanto piuttosto la complessiva struttura della personalità degli individui: pregiudizi e stereotipi, in altri termini, visti come conseguenza di una particolare configurazione di tratti che renderebbero alcune persone più inclini di altre a giudicare in modo distorto e rigido, sulla base di un'ostilità preconcetta, coloro che sono diversi da sé.

La più nota spiegazione di questo tipo è quella che fa riferimento alla cosiddetta *personalità autoritaria*, titolo di un celebre studio condotto alla fine degli anni '40 da Theodor Adorno con altri ricercatori della Scuola di Francoforte, come lui emigrati negli Stati Uniti a seguito delle persecuzioni naziste, e insieme a psicologi dell'Università di Berkeley. Lo studio, commissionato dal Comitato ebreo americano, si inseriva in un progetto più ampio destinato a far luce sul fenomeno dell'antisemitismo in un periodo in cui erano ancora recenti le ferite della guerra e l'orrore per lo sterminio degli ebrei. L'ottica prescelta in questo caso fu quella psicologica, mentre altre ricerche avrebbero dovuto incaricarsi di esaminare gli aspetti di tipo più sociale e culturale. Senonché il progetto non fu realizzato nel suo complesso e di fatto il lavoro di Adorno e collaboratori ne è rimasto il contributo più conosciuto.

L'idea centrale dello studio è l'esistenza di una struttura caratteriale tipica delle persone inclini all'antisemitismo, la quale può essere interpretata come espressione di una sindrome più generale di personalità che gli autori indicarono appunto come «personalità autoritaria» della quale fanno parte, oltre all'antisemitismo, anche il conservatorismo socioeconomico, un marcato etnocentrismo, e tendenze antidemocratiche di tipo prefascista. Questa sindrome si realizza, secondo gli autori, in una serie organica di preferenze, orientamenti valutativi e comportamenti: piena fiducia nei valori tradizionali del ceto medio, diffuso conformismo, un'immagine negativa dell'essere umano con tendenza a vedere dovunque pericoli e minacce, atteggiamento sottomesso nei confronti dell'autorità, ostilità nei confronti dei gruppi esterni, ma anche di tutti i devianti e marginali, eccessiva preoccupazione per la dimensione sessuale e infine una marcata rigidità mentale, nella tendenza a vedere il mondo in nette contrapposizioni, in una scarsa tolleranza per ogni tipo di ambiguità, nell'accettazione acritica degli stereotipi e in definitiva in una percezione distorta della realtà.

L'origine di tale sindrome andrebbe ricercata in dinamiche psicologiche profonde, alle quali non sono estranei i processi di dislocazione dell'aggressività e di proiezione visti sopra. In particolare si considera come causa principale una debolezza dell'Io dovuta a specifici percorsi di socializzazione e al tipo di interazione avuta con i genitori. L'individuo debole si identifica con il potere e cerca protezione in ogni genere di certezza; la sua ostilità nei confronti dei diversi e la sua accettazione degli stereotipi negativi verso di loro esprime questo bisogno di protezione e questo livello quasi patologico di insufficienza personale. Il meccanismo di riproduzione da una generazione all'altra della sindrome autoritaria è per gli autori molto semplice: genitori autoritari adottano nei confronti dei figli gli stessi atteggiamenti punitivi e moralistici che essi adottano nei confronti delle minoranze e nei confronti dei propri stessi impulsi; e con ciò contribuiscono a riprodurre nei figli un'identica struttura di personalità.

Ciò detto, va però sottolineato un punto importante per

comprendere appieno la spiegazione della tendenza al pregiudizio che viene fornita da questa famosa ricerca. Essa viene di solito considerata una spiegazione di tipo individuale, in quanto si focalizza sulle caratteristiche dell'individuo; ma gli autori erano consapevoli del fatto che la sindrome autoritaria non era una condizione rara di pochi individui malati, ma corrispondeva invece a una specifica forma di organizzazione della società e a una specifica cultura; per cui eventuali provvedimenti che fossero stati di tipo esclusivamente educativo intesi a favorire lo sviluppo di personalità non autoritarie sarebbero stati destinati al fallimento se non avessero previsto anche interventi a livello sociale, dal momento che i percorsi di socializzazione non possono essere difformi dai caratteri prevalenti della società in cui gli individui dovranno inserirsi.

Le condizioni di conflitto e di confronto

Prendiamo ora in considerazione le spiegazioni che più direttamente fanno riferimento, nella interpretazione di stereotipi e pregiudizi, alle particolarità della situazione sociale, e cioè a quelle condizioni di interazione e di struttura complessiva della società nelle quali è più probabile la diffusione di pregiudizi e stereotipi. La sostanza di questo tipo di interpretazioni è che pregiudizi e stereotipi nascono non in modo quasi automatico in qualsiasi situazione sociale, bensì solo laddove le relazioni tra le persone e soprattutto tra i gruppi assumono le caratteristiche di una forte competizione. Pregiudizi e stereotipi, in altri termini, come strumenti di conflitto fra gli esseri umani, che vengono usati nella misura in cui le relazioni tendono a essere appunto conflittuali.

Il conflitto reale tra i gruppi. Per questo una delle più note spiegazioni di questo tipo prende il nome di *teoria del conflitto reale*, e mette in correlazione diretta la tendenza al pregiudizio con la competizione per risorse limitate e con il conflitto degli scopi perseguiti. In altri termini, la tendenza all'ostilità reciproca fra persone e soprattutto fra gruppi sarebbe tanto maggiore quanto più gli obiettivi dell'uno sono oggettivamente in contrasto con quelli dell'altro, ad esempio quando i guadagni di uno si traducono in perdite per l'altro, e tanto minore, invece, quanto più gli scopi sono compatibili o addirittura complementari, vale a dire laddove il raggiungimento dei propri scopi da parte dell'uno non ostacola o addirittura favorisce il raggiungimento degli scopi anche da parte dell'altro.

Numerosi esperimenti hanno dimostrato come, a prescindere da tutte le variabili di atteggiamento e di personalità, l'ostilità fra i gruppi aumenta quando essi sono in competizione per l'acquisizione di risorse che essi considerano importanti e che non sono sufficienti per tutti. In precedenza abbiamo descritto gli esperimenti degli Sherif nei campi estivi, nei quali si mostrava come la sola etichettatura dei gruppi portasse allo sviluppo di un atteggiamento reciprocamente ostile; già in quella stessa sede si verificò come tale ostilità aumentasse quando i due gruppi erano messi in competizione diretta e diminuisse invece quando ad essi venivano proposti degli scopi comuni, rispetto ai quali era necessario un impegno congiunto. Molti altri studi successivi hanno mostrato che all'aumentare del livello di competizione fra i gruppi aumenta il livello del favoritismo per l'*in-group* e peggiora l'immagine percepita dell'*out-group*.

Questo fenomeno è stato studiato non solo in situazione sperimentale, ma anche sul terreno reale delle relazioni interetniche. Si è potuto verificare, ad esempio, come stereotipi e pregiudizi siano più forti fra le popolazioni che per motivi storici e geopolitici si trovano a competere per le risorse materiali; e si è visto come gli atteggiamenti reciproci delle popolazioni corrispondono in genere allo stato delle loro relazioni internazionali e possono variare anche molto rapidamente in funzione di queste. In uno studio internazionale commissionato dall'Unesco agli inizi degli anni '50 si trovò che nei paesi europei il «carattere» dei russi e degli americani era descritto in modo conforme allo stato di guerra fredda dell'epoca: i russi visti come aggressivi e inaffidabili, gli americani come tolleranti e amanti della pace. In un'altra ricerca condotta in India furono rilevate due volte, a distanza di pochi mesi, le immagini prevalenti di una serie di altre popolazioni; si trovò che quasi tutte le immagini erano rimaste pressoché stabili mentre quella dei cinesi, con i quali nel frattempo si era avuta un'aspra contesa per motivi di confine, era peggiorata sensibilmente.

La deprivazione relativa. L'importanza della situazione sociale non si esprime solo nel livello, reale o percepito, di competizione, bensì anche nel fatto che la propria condizione non viene considerata in maniera assoluta, bensì sempre in un processo di valutazione comparativa e che è proprio in questa comparazione che può emergere quella sensazione di frustrazione che può orientare gli individui in maniera ostile verso le minoranze. È il concetto di *deprivazione relativa*, che ha apportato sostanziali modifiche alla teoria dell'aggressività da frustrazione, rendendola molto più adeguata alle effettive condizioni dell'interazione sociale. Secondo questa prospettiva, ciascuno valuta la propria situazione di vita comparandola con almeno tre punti di confronto: *a)* la propria situazione precedente, e dunque il fatto che ci si trovi in una fase di ascesa o di discesa nel livello di benessere e nella struttura delle relazioni sociali; *b)* quella che si considera la propria situazione ideale, vale a dire la condizione adeguata alle proprie necessità, ai propri meriti e alle proprie possibilità; e infine *c)* ciò che accade agli altri, cioè la maggiore o minore facilità con cui altri che si possono considerare simili a sé ottengono ciò cui si ritiene di avere diritto. Si tratta in pratica di una verifica dello scarto fra la propria realtà e ciò che si ritiene che la propria realtà potrebbe essere. Inoltre, per i noti processi di identificazione con il gruppo di appartenenza, lo stesso tipo di valutazione comparativa viene effettuata anche con riferimento alla situazione del proprio gruppo, per cui al livello di deprivazione relativa che ciascuno prova riguardo a se stesso in quanto persona si somma quello che si prova per la situazione sociale del proprio gruppo.

Molte ricerche hanno dimostrato che quando la deprivazione relativa diviene più ampia si genera un forte disagio che tende a scaricarsi in un conflitto avente come obiettivo non solo il gruppo sociale che viene ritenuto antagonista, ma anche, secondo i classici processi di dislocazione dell'aggressività di cui si è detto, altri gruppi più deboli. Alcune di queste ricerche consistono in analisi storiche: si è visto ad esempio che le punte più acute di ostilità contro le minoranze si sono avute nelle diverse parti del mondo allorché un periodo di rapida crescita economica è stato seguito da un'improvvisa depressione, la quale ha segnato un consistente scarto fra il livello di vita reale delle persone e quello che la loro condizione precedente permetteva loro di sperare. Altre ricerche sono state condotte invece per mezzo di classiche tecniche di misurazione degli atteggiamenti, e hanno portato a concludere che a generare il pregiudizio e l'ostilità intergruppo non è tanto il livello personale di deprivazione, quanto piuttosto quello collettivo, vale a dire la valutazione comparativa che si effettua nei riguardi della situazione del proprio gruppo. In contesti di relazioni interetniche molto diversi, come il rapporto bianchi-neri negli Stati Uniti, quello fra hindu e musulmani in India o anche fra scozzesi e inglesi in Gran Bretagna, si è potuto verificare che il livello di pregiudizi e di ostilità reciproca è più alto non tanto nei soggetti che si sentono personalmente svantaggiati (in confronto con altri individui del proprio gruppo) quanto in quelli che ritengono il proprio gruppo svantaggiato rispetto all'altro gruppo.

3. Le strategie di difesa

L'analisi delle cause del pregiudizio e degli stereotipi è stata mossa non solo da un'esigenza di conoscenza e comprensione del mondo sociale, ma anche da un intento applicativo, nel senso che viene intrapresa spesso proprio con lo scopo di indicare le vie migliori per ridurre l'ostilità nei confronti dei diversi e favorire la convivenza fra i gruppi.

È evidente che l'opinione circa le possibilità e i modi per ridurre i pregiudizi, gli stereotipi e l'ostilità fra i gruppi dipende in gran parte dal tipo di spiegazione di questi fenomeni che viene privilegiata. Ad esempio, se si parte da un'interpretazione di tipo biologico, che fa riferimento a un istinto di lotta al diverso, tutto lo sforzo sociale può essere indirizzato solo a contenere in qualche modo questo istinto, o a trovare per esso delle canalizzazioni su oggetti sostitutivi (ad esempio, la competizione sportiva come surrogato della competizione reale). Se si ritiene che il pregiudizio sia il prodotto di personalità dai tratti patologici o comunque particolarmente disposte all'ostilità verso gli altri, si farà di tutto per individuare queste personalità, per comprendere e rimuovere le cause prime della loro formazione e riproduzione, e per mettere a punto idonei strumenti di rieducazione e di riorientamento. Dal punto di vista delle teorie psicosociali che sottolineano il ruolo e la forza dei processi di identità sociale si potrà puntare a ridurre le esasperazioni della conflittualità di gruppo, ma ci si convincerà che per l'individuo

è comunque necessario mantenere dei riferimenti di appartenenza chiari, per cui in definitiva il problema della riduzione
del pregiudizio è quello di trovare un modo per garantire alle
persone il riconoscimento in gruppi significativi senza che ciò
si traduca in conflittualità spinta. Per tutti coloro che sono
convinti del ruolo centrale del conflitto e della competizione
sociale, si dovrà mirare in primo luogo a eliminare la cause
oggettive di tale conflitto, con una più equa distribuzione delle
risorse ma anche con una ridefinizione dei criteri di confronto
sociale. Per quanti infine vedono il pregiudizio come risultato
della costruzione collettiva dei significati nei processi di comunicazione l'obiettivo si sposta su tali processi, e l'impegno si
indirizza a rendere espliciti i meccanismi di produzione e riproduzione del pregiudizio, in modo da renderne consapevoli
coloro che li usano, magari contro le proprie stesse intenzioni,
e puntando complessivamente a una strategia di controllo della
comunicazione sociale.

Un decisivo impulso al raccordo fra le analisi scientifiche e
le esigenze applicative è venuto dalla sempre crescente rilevanza
sociale, economica e culturale di una delle più significative
differenze fra gli esseri umani, quella relativa all'appartenenza
etnica. Ciò è avvenuto negli Stati Uniti, dove intorno al tema
delle *race relations*, considerato uno dei problemi principali di
quella società ma anche uno dei più seri banchi di prova della
capacità di quel sistema di conciliare le ragioni dell'individuo e
della competizione con quelle dell'uguaglianza e delle pari
opportunità, si è verificata un'utile convergenza fra l'approfondimento scientifico e le scelte operative che si andavano a
compiere. Non così ancora in Europa, e ciò sia perché solo da
poco il tema della convivenza fra gruppi etnico-culturali diversi
sta assumendo i caratteri di un importante problema sociale, a
seguito soprattutto dei nuovi consistenti flussi immigratori dal
Terzo mondo e dall'Est europeo, sia per una sorta di antica
diffidenza che una parte dei movimenti più radicali, impegnati

attivamente per l'integrazione e la tolleranza, nutre tuttora nei confronti del possibile apporto delle scienze sociali.

I motivi di tale diffidenza sono diversi, e rinviano in qualche modo anche al rapporto di subordinazione che, proprio negli Stati Uniti, una parte delle discipline psicologiche e sociali ha di fatto avuto rispetto al sistema esistente di relazioni sociali, avendo assunto talora in maniera esplicita l'obiettivo di favorirne la conservazione piuttosto che il cambiamento. Sul tema specifico del pregiudizio tale diffidenza si fonda anche, come abbiamo più volte osservato, sull'idea che molte delle interpretazioni psicologiche e sociali finiscano col considerare stereotipi e pregiudizi come tipici dell'essere umano e dunque non eliminabili. Abbiamo fin qui fornito alcune indicazioni circa il fatto che il riconoscimento dei meccanismi di funzionamento e anche delle basi in qualche modo «naturali» di questi fenomeni non debba necessariamente tradursi in una loro accettazione acritica e rassegnata, e che invece proprio a partire da tali conoscenze si può costruire una risposta sociale più efficace. In quest'ultima parte del volume approfondiremo ulteriormente questo tema, esaminando più da vicino alcune possibili conseguenze applicative delle analisi presentate.

Una cosa importante da dire a questo punto, dopo aver sottolineato più volte le differenze fra le diverse spiegazioni, è che tali spiegazioni, e dunque anche le possibili strategie che da esse derivano, non vanno intese come alternative, ma piuttosto come complementari. Ciascuna di esse fornisce infatti indicazioni su una parte del modo reale in cui stereotipi e pregiudizi si realizzano, e dunque non sono tra loro incompatibili; così come esse tutte, nel loro insieme, non si propongono come alternative rispetto ai modelli di spiegazione che privilegiano (e dunque puntano a modificare) le ragioni di tipo sociale o economico. Un fenomeno così complesso, in realtà una somma di fenomeni diversi, non può che essere spiegato con riferimento a una pluralità di cause interagenti, e dunque anche per le strategie di difesa occorre pensare a un'integrazione di prospettive differenti, ciascuna delle quali punti a migliorare uno degli aspetti coinvolti.

A. *Riproduzione e modifica degli stereotipi*

Abbiamo visto che uno dei caratteri distintivi degli stereotipi è la loro relativa rigidità, cioè il fatto che tendono a rimanere invariati nel tempo e risultano difficilmente modificabili, il che costituisce evidentemente un grande ostacolo alla possibilità di attenuare i pregiudizi e migliorare le relazioni tra i gruppi. Questa rigidità deriva dalla capacità degli stereotipi di auto-riprodursi attraverso diversi meccanismi, dei quali alcuni hanno a che fare con le caratteristiche proprie dei processi mentali e altri invece possono essere ricondotti piuttosto a dinamiche di comunicazione sociale. Conoscere almeno nelle linee essenziali tali meccanismi può essere di grande utilità per la programmazione degli interventi, i quali risulteranno efficaci proprio se riusciranno a ostacolare in qualche modo il processo di autoriproduzione degli stereotipi.

La tendenza alla conferma delle ipotesi

Nel descrivere i processi cognitivi con i quali ci rapportiamo al mondo, abbiamo detto che non è possibile accostarci agli altri in maniera del tutto libera da ipotesi e da aspettative, delle quali abbiamo bisogno per poterci prefigurare il possibile svolgimento degli eventi. Tali aspettative, che derivano sia da nostre esperienze precedenti sia dalla condivisione di opinioni diffuse, si esprimono molto spesso attraverso il ricorso a categorie sociali con relativi stereotipi, e dovrebbero essere poi sottoposte a verifica nel corso dell'interazione, nel senso che l'individuo dovrebbe valutare se le informazioni che provengono dall'effettivo svolgimento del rapporto con la persona in questione smentiscono o confermano le aspettative. Senonché le due possibilità, quella della conferma e quella della smentita, non concorrono – per così dire – ad armi pari: una volta formulata una certa ipotesi (in questo caso l'appartenenza categoriale della persona e il fatto che da tale appartenenza le derivino certe caratteristiche), essa finisce per godere di consistenti vantaggi rispetto alle ipotesi alternative (vale a dire che la persona non appartenga alla categoria, che quei tratti non siano tipici della categoria, o che la persona non condivida quei tratti con la sua categoria).

Ciò avviene perché il processo di raccolta delle informazioni che dovrebbero confermare o smentire l'ipotesi formulata è in qualche modo condizionato dall'ipotesi stessa; essa ha infatti il vantaggio di essere psicologicamente presente, mentre tutte le altre possibili ipotesi non lo sono e richiederebbero quindi un maggior lavoro cognitivo dovendo essere prima formulate e poi sottoposte a verifica. Accade così che le informazioni che confermano l'ipotesi risultano in qualche modo più evidenti, in quanto possono essere più rapidamente inserite in uno schema interpretativo già presente e attivo, mentre altri dati vengono ignorati o considerati irrilevanti. In particolare ciò vale per le informazioni che potrebbero smentire l'ipotesi formulata: queste infatti in assenza di valide ipotesi alternative, ci esporrebbero alla condizione per noi non sostenibile di restare senza aspettative nei confronti della realtà, con una sensazione di perdita di controllo e di inadeguatezza del nostro sistema interpretativo. In definitiva, se ci aspettiamo che una persona abbia certe caratteristiche tendiamo a notare di più i comportamenti che sono coerenti con questa aspettativa e di meno quelli che non lo sono, sicché lo schema che ci aveva portato a nutrire quelle determinate aspettative (in questo caso lo stereotipo) esce convalidato dalla prova, e sarà in grado di porre con più forza, in una successiva occasione, ipotesi dello stesso tipo.

Inoltre le informazioni che smentiscono lo stereotipo non solo vengono rilevate con maggiore difficoltà, ma sono anche più facilmente dimenticate. La memoria infatti è un processo ricostruttivo e interpretativo, nel quale l'individuo recupera o perde le informazioni non tanto in base a una capacità «oggettiva» di ricordo, quanto piuttosto in funzione della possibilità di inserire i ricordi stessi in un contesto dotato di senso. Così nel momento in cui, incontrando una persona che appartiene a una certa categoria, l'individuo si pone alla ricerca, nel proprio magazzino di memoria, di eventi che giustifichino certe aspettative, è probabile che ricordi di preferenza quelle esperienze per le quali dispone di uno schema interpretativo saldo, il quale molto spesso è appunto lo stereotipo.

Agevolare l'accoglimento e il ricordo delle informazioni nuove. Per questi motivi un compito importante, negli interventi miranti alla modifica degli stereotipi, è quello di fornire in anticipo uno schema di interpretazione alternativo allo stereotipo stesso, che consenta in primo luogo di notare e valorizzare informazioni che altrimenti sarebbero sfuggite e in seguito di ricordarle con maggiore prontezza, fornendo così una diversa e altrettanto efficace possibilità di spiegare/prevedere i comportamenti degli altri.

Diverse ricerche hanno dimostrato che in questo modo si riduce sensibilmente la rigidità e la tendenza all'autoriproduzione degli stereotipi. In una di queste, condotta alla metà degli anni '80 su alcuni gruppi di turisti israeliani che stavano per compiere un viaggio in Egitto, è stato rilevato l'effetto delle informazioni preventive sulla possibile modifica degli stereotipi. Dapprima fu rilevato in tutti i soggetti il livello di condivisione di alcuni stereotipi negativi riguardanti gli egiziani; quindi solo una metà dei soggetti fu sottoposta a un programma di informazione mirante a illustrare le caratteristiche positive dell'Egitto e degli egiziani e le possibili similarità con gli israeliani, nonché a fornire spiegazioni alternative, rispetto a quelle dello stereotipo, per gli aspetti negativi che si sarebbero potuti rilevare nel viaggio: ad esempio furono illustrate le cause strutturali della povertà del paese, la quale non poteva dunque essere imputata solo a caratteristiche e disposizioni personali dei suoi abitanti. Al ritorno dal viaggio, si misurò di nuovo in tutti i soggetti la disposizione nei confronti degli egiziani, e risultò che nei soggetti sottoposti al programma essa era migliorata, mentre ciò non era avvenuto negli altri.

In definitiva, possiamo dunque dire che la mente umana mantiene gli stereotipi non per una deprecabile (e peraltro incomprensibile) tendenza all'errore, ma semplicemente perché non può restare senza schemi e senza aspettative; talvolta per ottenere la riduzione di stereotipi falsi e discriminanti è sufficiente fornire per tempo delle valide alternative che svolgano le stesse funzioni di tipo cognitivo e anche, come vedremo meglio fra poco, di protezione dell'identità sociale.

La profezia che si autoademple

Ci sono casi in cui la riproduzione degli stereotipi (e in generale dei pregiudizi) avviene non solo perché si tende a perpetuare un'interpretazione falsata della realtà, ma anche perché interagendo con gli altri sulla base delle proprie aspettative si finisce per fare in modo che effettivamente essi rispondano a queste aspettative, realizzando dunque quello che nella letteratura psicosociale viene definito il fenomeno dell'«autoadempimento della profezia». Ad esempio se ci aspettiamo che una persona sia fredda e scostante oppure estroversa e amichevole tenderemo ad assumere nell'interazione con essa un atteggiamento corrispondente, il quale potrà avere come risposta proprio quel comportamento che ci aspettavamo. Se poi si tratta, come è il caso della maggior parte dei pregiudizi, non di aspettative in qualche modo «neutre» circa le caratteristiche della persona, ma di giudizi di valore che sanciscono differenze socialmente connotate in termini di abilità, di qualità morali e in generale di corrispondenza ai modelli della società, le aspettative possono alla lunga avere effetto anche sull'immagine di sé di coloro che ne sono bersaglio, con conseguente possibile calo dell'autostima e degli obiettivi che gli interessati si pongono. Molte ricerche anche di tipo sperimentale sono state condotte in diversi contesti per studiare i meccanismi attraverso i quali tutto ciò può avvenire; conoscere tali meccanismi può essere di grande utilità nel progettare interventi in grado di contrastare il fenomeno nel modo più opportuno.

L'effetto Pigmalione. Uno degli ambiti in cui si è maggiormente studiato l'effetto di autoadempimento della profezia è quello educativo, con particolare riferimento al rapporto fra aspettative degli insegnanti e rendimento degli allievi. Le ricerche più note al riguardo sono quelle condotte alla fine degli anni '60 dagli psicologi Rosenthal e Jacobson, i quali usarono per descrivere il fenomeno l'espressione poi divenuta molto comune di *effetto Pigmalione*. È questo il nome di un mitico re di Cipro che, secondo la leggenda, dopo aver scolpito una statua di donna di incredibile bellezza se ne innamorò, desiderando a tal punto che essa si animasse che alla fine la dea Afrodite lo accontentò, e la statua prese vita. Secondo gli autori, nella scuola accade qualcosa di simile in quanto il rendimento dei ragazzi appare molto condizionato dalle aspettative degli insegnanti nei loro confronti; e ciò non solo come distorsione della valutazione, nel senso che a parità di rendimento gli insegnanti tenderebbero a valutare più positivamente un allievo del quale abbiano una buona opinione e viceversa, ma proprio come modificazione effettiva del rendimento, nel senso che alla fine dell'anno i ragazzi verso i quali si nutrivano aspettative alte risultano realmente migliori di quelli verso i quali si nutrivano aspettative basse.

Per verificare questa ipotesi furono condotte diverse ricerche il cui schema era grosso modo il seguente: una classe di studenti era sottoposta a un test di rilevazione delle capacità mentali, che veniva presentato agli insegnanti come uno strumento per individuare i ragazzi che avrebbero avuto una rapida crescita nel livello intellettivo; senonché i risultati reali del test venivano ignorati, e agli insegnanti si presentavano dei risultati fittizi, nei quali ad alcuni ragazzi era assegnata del tutto a caso (e dunque indipendentemente dalle loro effettive capacità) la previsione di rapida crescita. In seguito, alla fine dell'anno e negli anni seguenti, si procedeva a una reale misurazione delle capacità intellettive dei ragazzi, trovando che i soggetti che erano stati presentati come migliori avevano poi raggiunto effettivamente un livello più alto di capacità mentale. La spiegazione di questo fenomeno sta, secondo gli autori, nel fatto che gli insegnanti hanno interagito in maniera diversa con quella categoria di studenti, seguendoli e incoraggiandoli di più, facendo maggiore attenzione a eliminare le loro eventuali carenze e a valorizzare i loro pregi; i ragazzi dal canto loro hanno percepito queste aspettative e hanno reagito di conseguenza, modificando verso l'alto il proprio impegno ma anche la propria immagine di sé e il livello dei propri obiettivi.

Rispetto a questo tipo di ricerche sono state mosse alcune critiche sia di tipo metodologico sia rispetto alla loro legittimità dal punto di vista etico, posto che alcuni studenti sono stati di fatto favoriti nella loro esperienza scolastica, e dunque altri in qualche modo sono stati sfavoriti. Il risultato comunque è apparso molto evidente, ed è stato confermato da ripetuti esperimenti, sicché è diventato parte delle nozioni di base della formazione degli insegnanti: la coscienza che le proprie aspettative e dunque anche i propri pregiudizi possono incidere notevolmente sulla realizzazione delle potenzialità dei ragazzi.

In seguito alla fortuna di questo modello interpretativo numerose ricerche sono state condotte in diversi ambiti, per verificare se anche altri pregiudizi siano in grado di generare qualche forma di autorealizzazione. Alcuni risultati in questo senso ci sono, ma nel complesso essi sono meno evidenti di quelli ottenuti in relazione alle attese di rendimento scolastico.

Uno degli ambiti in cui sono stati riscontrati effetti di autorealizzazione è quello degli stereotipi di genere sessuale. In molte ricerche si è potuto dimostrare infatti che tanto gli uomini quanto le donne tendono a comportarsi in maniera più conforme alle aspettative di ruolo sessuale quando si trovano a interagire con persone che condividono in modo particolare quelle aspettative. Inoltre alcune ricerche hanno verificato l'effetto combinato delle aspettative di rendimento con quelle di genere. In una di queste, ad esempio, un compito di matematica molto difficile veniva sottoposto a gruppi di studenti composti sia da maschi che da femmine tutti con le stesse abilità in matematica; ad alcuni di questi gruppi, prima dello svolgimento del compito, veniva detto che di solito le donne hanno in matematica prestazioni inferiori agli uomini, mentre ad altri gruppi veniva detto che non si riscontrano di norma differenze nelle prestazioni fra i due sessi. I risultati indicarono che nella condizione di presunta inferiorità attesa le donne tendevano a rendere effettivamente di meno.

Un altro campo in cui è stato dimostrato l'effetto di autoriproduzione degli stereotipi è quello dei pregiudizi relativi all'età. Se si è convinti che gli anziani siano poco efficienti si tenderà a dare loro minori occasioni di mantenersi in efficienza; e d'altro canto essi stessi, se condividono lo stereotipo, si porranno probabilmente obiettivi inferiori alle loro effettive possibilità. In una ricerca recente su questo tema sono state confrontate le prestazioni in alcuni compiti di memoria di gruppi di americani anziani con diverso livello di condivisione degli stereotipi negativi sugli anziani; si è trovato che i soggetti che condividevano gli stereotipi avevano prestazioni di memoria inferiori rispetto a quelli che non li condividevano.

Contrastare l'autorealizzazione dei pregiudizi. Si può dunque ritenere che è necessario prestare attenzione al rischio che stereotipi e pregiudizi si riproducano con il meccanismo della profezia che si autoadempie, anche se occorre dire che tale possibilità è in effetti più ridotta di quanto si sospettava fino a qualche anno fa, e tende a realizzarsi soprattutto rispetto alle attese di rendimento scolastico. Dall'insieme delle ricerche effettuate vengono comunque alcune indicazioni circa i fattori che possono esaltare oppure ridurre l'effetto di autoadempimento, ed è intorno a questi che si possono concentrare gli interventi.

Un fattore decisivo è in primo luogo la consapevolezza del possibile effetto delle aspettative, e ciò sia dal punto di vista di chi le nutre sia dal punto di vista di chi ne è oggetto. Soprattutto in campo educativo, è opportuno dunque innanzitutto che gli insegnanti conoscano il processo nelle sue modalità di funzionamento, ma anche che sappiano analizzare in se stessi le aspettative diverse che nutrono nei confronti dei vari alunni, che sappiano esaminare i propri comportamenti come frutto di tali aspettative e che sappiano infine modificarli di conseguenza. Ciò comporta necessariamente una disposizione generale a non irrigidirsi nelle proprie convinzioni e a lasciare che le informazioni provenienti dalle interazioni reali siano rapidamente incorporate in un nuovo schema di interpretazione. Questa facoltà è qualcosa di molto legato a caratteristiche di personalità, come abbiamo visto, nel senso che ci sono persone più o meno rigide e impermeabili alle smentite; ma può anche essere sviluppata, laddove ve ne sia la disponibilità, con una opportuna formazione finalizzata a riconoscere in sé questo tipo di tratto.

Dal punto di vista di coloro che sono oggetto di stereotipi e pregiudizi è essenziale la presa di coscienza delle proprie caratteristiche personali, e dunque della probabile non corrispondenza di queste ai tratti dello stereotipo; solo in questo modo sarà infatti possibile riconoscere e contrastare gli effetti di autoadempimento che si dovessero innescare. Si può dire in effetti che è proprio la coscienza di sé, sia in quanto persona che in quanto gruppo, il più potente fattore di protezione rispetto all'autorealizzazione dei pregiudizi; e anche questa è una facoltà che è possibile in qualche modo migliorare con opportuno stimolo.

Occorre sottolineare, però, che tanto la maggiore o minore apertura di chi agisce in base a stereotipi quanto la maggiore o minore coscienza di sé di chi ne è oggetto non possono essere viste come delle variabili puramente individuali, legate solo alle specifiche caratteristiche delle persone coinvolte nell'interazione. Esse invece hanno molto a che fare con elementi in qualche modo strutturali dell'interazione, vale a dire con il contesto nel quale essa avviene, le finalità che si propone e soprattutto il rapporto di potere fra i soggetti coinvolti. Le ricerche sono concordi nel mostrare che un maggiore effetto di autoadempimento si ha quando il soggetto bersaglio ritiene di poter avere un qualche vantaggio dal suo adeguarsi alle aspettative, e molto spesso tale vantaggio è identificato proprio nella opportunità di compiacere in qualche modo il soggetto percipiente che di solito si trova in una situazione di maggior potere sociale. Uno dei risultati più comuni, ad esempio, è il fatto che un maggiore autoadempimento delle aspettative si ha nel momento in cui un soggetto entra in una nuova situazione sociale (una nuova classe scolastica, un nuovo lavoro, una nuova residenza) e ha quindi la necessità di farsi accettare dal gruppo nel quale si inserisce e soprattutto dalle persone in esso più influenti. Questo risultato va tenuto in particolare considerazione sia nel campo educativo che nel campo dell'integrazione sociale delle minoranze: nel momento del primo impatto con una maggioranza da cui si aspira a essere accettati si è più vulnerabili al sistema di aspettative prevalente, e dunque più esposti al rischio di autorealizzazione del pregiudizio.

B. *Quali strategie per la convivenza*

Nel precedente paragrafo ci siamo occupati in prevalenza dell'aspetto cognitivo del problema, vale a dire dei meccanismi mentali attraverso i quali gli stereotipi si riproducono e delle possibilità che abbiamo di contrastarli. Ma la relazione con il diverso, come si è visto, è fondata anche su altre basi, che sono di natura non mentale, bensì sociale e culturale, e che hanno a che fare da un lato con fattori di tipo storico, economico, politico, e dall'altro con la specifica dimensione delle relazioni tra i gruppi (cosa succede quando due o più gruppi entrano in contatto). Tale radicamento di pregiudizi e stereotipi in dinamiche di rapporto tra i gruppi non può essere ignorato quando si definiscono le strategie di difesa, le quali, se non possono rimuovere a monte le cause sociali, possono comunque fare molto per ridurre gli impatti negativi e favorire la convivenza.

Inoltre occorre tenere presente che nel determinare tanto gli orientamenti di spiegazione quanto le strategie di azione intervengono sempre non solo motivi di tipo scientifico e teorico, ma anche ragioni che possono definirsi ideologiche, e che hanno a che fare con la funzione che certe interpretazioni e certe azioni sociali sono in grado di svolgere in un determinato periodo storico. Basti pensare, ad esempio, a come molte interpretazioni centrate sull'individuo siano state sviluppate in accordo con ideologie sociali che puntano a valorizzare il ruolo dell'individuo nella determinazione dei fatti sociali e che tendono a dare per scontata, come la migliore possibile, l'organizzazione sociale esistente.

In quest'ultimo paragrafo prenderemo dunque in esame

alcune conseguenze pratiche del radicamento dei pregiudizi e degli stereotipi nelle dinamiche sociali, riportando anche qualche indicazione operativa che viene dai contesti in cui questi problemi hanno una storia più antica e in cui sono state concretamente provate le diverse strategie di convivenza.

Tre forme di rapporto con il diverso

Un esempio evidente del condizionamento ideologico e culturale delle interpretazioni e delle direttrici di intervento si può trovare osservando le strategie di relazioni interetniche che sono state di volta in volta caldeggiate come più rispondenti all'ideale, quasi da nessuno negato, di uguaglianza e di valorizzazione della dignità dell'uomo. Ciascuna di esse ha conosciuto una stagione di particolare vigore, e nessuna di esse può dirsi abbandonata del tutto, sia pure in maniera più o meno esplicita. Ciò che rende questo tema interessante e delicato è il fatto che ciascuna strategia può segnare a proprio vantaggio un qualche elemento positivo e ciascuna mostra al contrario anche dei rischi e delle conseguenze negative.

Una prima strategia, che possiamo definire di *assimilazione*, esprime la tendenza del gruppo maggioritario a inglobare quello minoritario, facendo in modo che esso rinunci alla sua differenza e accetti in pieno, riconoscendoli come superiori, i modi di vita e la cultura della maggioranza. È stata una delle strategie comuni negli anni delle massicce immigrazioni negli Stati Uniti, e fu codificata nel cosiddetto movimento di americanizzazione, attivo soprattutto negli anni intorno alla prima guerra mondiale, che si poneva l'obiettivo di rieducare in profondità gli immigrati in modo che assumessero in pieno la lingua, i valori e gli ideali della società americana. Si tratta della strategia che di solito si manifesta per prima nel rapporto con il diverso, e che esprime l'orgoglio (o anche solo l'abitudine antica) per il proprio modo di essere, e insieme una percezione di minaccia da parte di ciò che la metta in discussione. Di fronte a tale minaccia una risposta può essere quella dell'allontanamento e del rifiuto; l'altra, certamente meno ostile ma nella sostanza ugualmente intollerante, è la richiesta di rinuncia alla differenza e di adattamento completo alle proprie norme.

Una seconda strategia, anch'essa presente nei primi periodi dell'immigrazione negli Stati Uniti, è quella detta della *fusione*: le diversità mescolate in un ipotetico crogiuolo (il cosiddetto *melting pot*) dal quale ci si aspetta che fuoriesca una sintesi superiore, migliore dei singoli componenti di partenza. L'idea di base è che ciascuna diversità possegga elementi positivi che meritano di entrare nella sintesi finale, ma anche la fiducia che le diversità non siano tali e talmente incompatibili da precludere quel rapporto stretto che è indispensabile per la fusione. In questa prospettiva la motivazione fondamentale che dovrebbe spingere a superare le diversità è l'ipotetico maggior valore della sintesi finale: se in ciascuna cultura c'è qualcosa di buono e si riesce a fonderle, il risultato sarà la migliore delle culture possibili.

Queste prime due strategie, anche se in modo diverso, puntano a un annullamento delle differenze, in nome di una supposta superiorità nel primo caso del modello maggioritario e nel secondo della sintesi finale. Ma esiste anche una terza strategia, che viene detta di *pluralismo culturale*, la quale mira invece a mantenere le differenze, valorizzando ciascuna di esse in quanto possibile arricchimento del patrimonio culturale complessivo, il quale trae la sua forza non dalla fusione indistinta, bensì dal confronto e dalla pacifica coesistenza di culture diverse.

Una scelta non semplice. Presentate in questo modo le diverse possibilità, la scelta apparirebbe semplice: le prime due prospettive infatti, sia pure con livelli diversi di intolleranza, hanno in comune come esito la perdita della ricchezza della diversità, e in più sono destinate a scontrarsi con la fondamentale esigenza di appartenenza e identità culturale che caratterizza l'essere umano; la terza invece sembra rappresentare al meglio sia le esigenze di identità sociale e culturale sia il possibile vantaggio per l'intera società di una pluralità di punti di vista sul mondo e sulla vita. E in effetti è appunto questa prospettiva che possiamo oggi indicare come la più efficace e produttiva, oltre che più rispondente ai valori della convivenza e della dignità della persona umana.

Ciò detto, va però sottolineato che questa strategia si presenta difficile da applicare per diversi motivi. Essa richiede infatti non solo la convinzione della validità di ciascuna posizione, ma anche un esercizio continuo di tolleranza nella vita quotidiana, dal momento che non si tratta di affermare in linea di principio il diritto di ciascuna cultura a esistere, bensì di riuscire a organizzare in concreto la propria esistenza in un confronto continuo con punti di vista e abitudini diversi dai propri. Inoltre si richiede anche un grosso sforzo di tipo istituzionale per adeguare le strutture della società alle esigenze e alle caratteristiche delle diverse culture; queste infatti possono concepire in maniera anche molto dissimile aspetti essenziali della vita come il rapporto individuo-società, le norme etiche, l'attività lavorativa, la funzione della famiglia, ma anche il cibo, il vestiario, e così via, e ciò può portare notevoli difficoltà di adattamento delle strutture sociali relative. Si pensi, per fare qualche esempio, alla necessità di assicurare a tutte le culture e religioni un'adeguata rappresentanza nella scuola, o al fatto che l'apparato produttivo dovrebbe essere tanto flessibile da poter utilizzare insieme persone con caratteristiche, disposizioni ed esigenze molto differenti.

Occorre poi essere consapevoli che questa strategia presenta, oltre alle difficoltà di applicazione e in qualche modo proprio in relazione a esse, anche alcuni rischi, l'analisi dei quali può condurre a valorizzare in qualche modo alcuni aspetti delle altre due. Il primo rischio è quello del cosiddetto pregiudizio (o razzismo, nel caso del pregiudizio etnico) *differenzialista*: con molta facilità il rispetto della differenza può infatti tramutarsi in rifiuto del contatto, in una sorta di ghettizzazione fisica e mentale; come dire: dato che siamo così differenti, che ognuno stia con i suoi, meglio ancora se ognuno al suo paese; non si nega a nessuno il diritto di esistere, ma senza indebite e impossibili contaminazioni. Sappiamo invece che il massimo beneficio della pluralità dei punti di vista si può realizzare proprio se tali punti di vista entrano in contatto, e possono essere così scambievolmente utilizzati con arricchimento reciproco; e dunque, in definitiva, se si realizza anche una certa sintesi, come previsto appunto dal modello della fusione.

Il secondo rischio è quello che possiamo definire del *relativismo spinto*, che in nome della validità autonoma delle singole culture rinuncia per principio a porre alcuni valori come assoluti, ritenendo tutti i valori accettabili in quanto appunto relativi alla cultura che li esprime. Ciò non è chiaramente una difficoltà per usanze e norme che si possono ritenere marginali (mangiare un cibo piuttosto che un altro, avere certi ritmi di vita e non altri, e così via); diventa invece un problema nel caso di valori più fondamentali come il rispetto della vita, della libertà e della dignità della persona umana. Questo problema si pone spesso, per fare un solo esempio, intorno alla figura e al ruolo della donna: noi riteniamo che la nostra cultura occidentale moderna, con tutti i suoi limiti, abbia raggiunto al riguardo alcuni punti che possiamo considerare «in assoluto» migliori e non derogabili: l'uguaglianza almeno formale nelle opportunità, l'emancipazione almeno dal punto di vista giuridico dalla sudditanza all'uomo, il rispetto della donna in quanto persona. Come abbiamo già visto trattando della questione femminile nella prima parte del volume, esistono molte culture, delle quali pure siamo interessati a rispettare e valorizzare l'autonomia, che assegnano alla donna una condizione del tutto subalterna, giungendo a minacciarne perfino l'integrità fisica, e ciò difficilmente può essere accettato in nome della tolleranza o del pluralismo culturale. Da questo punto di vista, dunque, è ragionevole che una certa cultura, nell'entrare in contatto con un'altra, richieda con forza il rispetto di alcuni suoi principi irrinunciabili, e dunque eserciti in relazione a questi una pressione all'assimilazione; la difficoltà è semmai quella di stabilire il confine fra tali principi irrinunciabili e quelli che invece costituiscono soltanto elementi di differenziazione che possono essere perfettamente accettati.

Tutto ciò si può vedere con molta evidenza nel campo delle relazioni interetniche, nel quale sono stati peraltro realizzati la maggiore quantità di studi sia teorici che applicativi. Ma è abbastanza facile estendere queste osservazioni agli altri ambiti di rapporto con il diverso che abbiamo esaminato come terreno di diffusione di stereotipi e pregiudizi (ebrei, anziani, donne, omosessuali, ecc.). Si può notare come nella maggior parte di questi casi la strategia dell'assimilazione possa considerarsi ancora prevalente. A ciascuna di queste minoranze si rimprovera di non essere in linea con i valori e gli stili di vita prevalenti, e si pone spesso a esse un'esplicita richiesta di adattamento come prezzo per l'accettazione sociale; in questo senso gli stereotipi negativi sono un mezzo per sancire questa richiesta, dal momento che penalizzano i tratti di differenza dal modello di vita dominante. Con ragione dunque i vari movimenti di emancipazione hanno spesso posto con forza l'esigenza del rispetto della differenza, e quindi in pratica la giusta rivendicazione di una sorta di pluralismo culturale; ma si può osservare che a volte tale rivendicazione ha finito per assumere i toni di un drastico separatismo anche dal punto di vista delle minoranze, mentre forse sarebbe risultata più utile una certa dose di «contaminazione», intesa come capacità dei diversi universi di trovare, almeno su alcuni tratti, più ampie occasioni di arricchimento reciproco.

Progettare una buona interazione

Abbiamo visto finora che nella progettazione degli interventi occorre tener conto da un lato delle caratteristiche di funzionamento della mente, e in particolare delle modalità di riproduzione degli stereotipi, e dall'altro dei condizionamenti di più ampio respiro sociale e culturale, i quali definiscono il quadro complessivo dei rapporti fra i gruppi interessati. Esiste però anche un terzo livello di fenomeni che occorre tener presente, ed è quello relativo a ciò che accade quando due o più gruppi entrano in contatto. Nel secondo capitolo abbiamo illustrato il ruolo che stereotipi e pregiudizi possono svolgere sia come causa che come effetto dei rapporti tra i gruppi nonché il legame fra tali rapporti di gruppo e le dinamiche psicologiche di formazione dell'identità. In questo paragrafo esamineremo alcune possibili conseguenze applicative di quelle analisi, facendo riferimento anche a esperienze concrete nelle quali si è potuto verificare che senza tener conto di questo specifico livello di problemi gli interventi rischiano di restare poco produttivi.

Le condizioni per un contatto efficace. Si può dire che la strategia di intervento in assoluto più diffusa, quella che si adotta in maniera pressoché intuitiva e dalla quale ci si aspettano i migliori risultati è quella di *favorire il contatto fra i diversi.* La fiducia nell'efficacia di questa strategia si basa sulla convinzione che stereotipi e pregiudizi derivino da un'insufficiente conoscenza della realtà dell'altro, il quale viene percepito erroneamente come troppo diverso da sé e come nemico per principio, sicché si ritiene che una migliore conoscenza reciproca sia sufficiente a rimuovere gli errori di valutazione e di aspettativa e a creare un rapporto di amicizia e solidarietà. Sono basati su questa convinzione tutti gli interventi che nei più diversi contesti (dalla scuola al lavoro alla vita civile) puntano alla cosiddetta *de-segregazione*: rompere le barriere, sia giuridiche laddove ancora esistono, sia culturali, e fare in modo che i diversi possano interagire, conoscersi e apprezzarsi.

Si tratta di una strategia senza dubbio molto importante, la quale ha oltretutto il vantaggio di corrispondere al meglio agli ideali di uguaglianza e solidarietà. Senonché si è potuto verificare che i risultati che essa ha prodotto non sono stati adeguati alle attese, e che in alcuni casi il contatto fra i diversi ha avuto come esito non una diminuzione ma addirittura un aumento dell'ostilità reciproca. Il fatto è che, come già notava Gordon Allport, il contatto in quanto tale non è sufficiente; perché esso abbia un effetto positivo sul miglioramento delle relazioni e dunque anche sulla riduzione di stereotipi e pregiudizi, è necessario che avvenga in particolari condizioni, le quali non sempre (anzi, quasi mai) sono soddisfatte nei contesti reali in cui le esperienze di de-segregazione sono attuate.

Abbiamo già visto, illustrando i processi di cambiamento degli stereotipi, quanto sia utile che i soggetti possano disporre in anticipo di un *quadro interpretativo* nel quale inserire le nuove informazioni che andranno ad acquisire; possiamo qui aggiungere che questa presentazione preventiva deve essere il più possibile realistica, vale a dire che non deve tendere a occultare le differenze, ma a fornire per esse una spiegazione che sia alternativa allo stereotipo e che contenga possibilmente una qualche forma di valorizzazione.

Altra condizione importante è che l'interazione sia *sufficientemente lunga e approfondita*; dato il forte radicamento degli stereotipi e la loro tendenza all'autoriproduzione, può essere necessario infatti molto tempo e molte esperienze per realizzare una conoscenza in grado di contrastarli. Tale interazione deve poi essere *soddisfacente*, nel senso che la conoscenza deve apportare elementi informativi positivi che rendano gratificante il rapporto: è chiaro infatti che se dal contatto derivasse una conferma delle aspettative negative indotte dal pregiudizio, o anche solo una sensazione di disagio nel rapporto, l'esito positivo del contatto stesso sarebbe compromesso.

Inoltre è molto utile che il rapporto con il diverso sia di tipo *cooperativo*, nel senso che spesso solo con un impegno comune verso uno scopo comune è possibile rendersi conto delle qualità reciproche, e scoprire ad esempio che un modo diverso di vedere le cose può essere utile ad affrontare i compiti della vita quotidiana. La condizione di cooperazione è efficace poi anche perché produce il senso di interdipendenza, che è un'importante spinta motivazionale allo sviluppo di una disposizione positiva nei confronti dell'altro: rendersi conto che ciascuno dipende dall'altro per il raggiungimento degli obiettivi costituisce spesso uno stimolo molto efficace alla ricerca dei reciproci pregi.

Un'altra condizione essenziale è che i soggetti in interazione abbiano uno *status simile*, vale a dire che non esistano evidenti disparità in termini di potere, prestigio e posizione nella scala sociale; in caso contrario, infatti, sarà difficile che chi occupa la posizione inferiore abbia l'occasione di mostrare le proprie qualità e capacità, in modo che esse possano essere apprezzate e valorizzate così come la strategia del contatto richiede. Sarebbe infatti questa una classica situazione di autoriproduzione dei pregiudizi: se nella maggior parte dei contatti i membri delle minoranze esercitano ruoli subalterni, ne uscirà rafforzata l'opinione che essi non siano in grado di svolgere che mansioni inferiori.

Infine un fattore cruciale è il supporto *istituzionale e culturale*: le esperienze di contatto non possono essere degli episodi isolati o limitati a un solo contesto, in quanto l'individuo li vivrebbe come delle eccezioni rispetto a una norma che è invece quella dell'esclusione e della separazione. È bene ad esempio che la scuola agisca in direzione dell'integrazione, ma è essenziale che tutti i soggetti coinvolti percepiscano che si tratta di una scelta dell'intera istituzione e non di qualche insegnante illuminato, e che il tutto corrisponde a indirizzi della società nel suo complesso. Il contatto può avere il suo effetto benefico solo se le informazioni che da esso l'individuo raccoglie non sono in contrasto con quelle che gli provengono dalle convinzioni diffuse e dalle norme sia esplicite che implicite della sua cultura.

Una serie molto ampia di ricerche sia sperimentali che sul campo hanno dimostrato che quando queste condizioni sono soddisfatte l'interazione stretta fra appartenenti a gruppi diversi può avere come risultato un miglioramento delle relazioni e una diminuzione dei pregiudizi, mentre laddove queste condizioni non si verificano può aversi addirittura un effetto contrario. Infatti, rispetto all'assenza di interazione, un contatto senza le condizioni giuste potrebbe offrire maggiori occasioni di conferma degli stereotipi: ad esempio se non si è preparati alla diversità e ci si aspetta una similarità maggiore di quella che effettivamente si riscontra, si potrebbe tendere a ricorrere appunto allo stereotipo per spiegare tali differenze; oppure se il contatto avviene in una situazione di competizione o di tensione esso potrebbe tradursi in un'esasperazione della conflittualità.

Ignorare o rispettare le differenze? Oltre che delle condizioni che sono state descritte sopra, nel progettare e favorire le interazioni fra appartenenti a gruppi diversi occorre però tenere conto anche della necessità per l'individuo di riconoscersi in un gruppo significativo, che egli possa valorizzare anche in quanto diverso da altri gruppi e in qualche modo migliore di essi; cioè il bisogno di «identità sociale», del quale si è potuta osservare l'importanza per l'economia psicologica delle persone. Alcune strategie di contatto hanno fallito l'obiettivo di un miglioramento delle relazioni fra i gruppi in quanto hanno forzato l'individuo a cancellare il riferimento alle reciproche appartenenze in nome del superiore obiettivo della tolleranza e dell'integrazione.

Prendiamo ad esempio una strategia di de-segregazione che è stata molto comune negli Stati Uniti, in modo particolare nella politica scolastica, fino agli anni '80 e dalla quale ci si aspettava molto in quanto sembrava la più rispondente agli ideali di uguaglianza: la cosiddetta prospettiva *colour-blind* (cioè: cieca al colore). Essa consiste nell'ignorare deliberatamente ogni differenza fra gli individui, trattando tutti esattamente allo stesso modo a prescindere dalle appartenenze e dalla provenienza sociale; il che significa non solo evitare ogni forma di segregazione o di svantaggio, ma anche rinunciare a qualsiasi riferimento agli elementi di differenza, siano essi l'origine etnica (da cui il richiamo al colore) o altri fattori di appartenenza. Anche al di là dell'ambito dell'integrazione scolastica questo modo di rapportarsi alle differenze appare molto diffuso, tanto che in diversi ambienti è considerato un segno di scorrettezza nei rapporti interpersonali l'uso di informazioni categoriali per riferirsi ai propri interlocutori: ad esempio, chi stia cercando in un campus universitario americano un certo professore di cui non ricorda il nome difficilmente cercherà di farsi capire aggiungendo la qualifica di «nero» (o «afro-americano») oppure di «ebreo» alle altre indicazioni che fornisce per essere aiutato nella ricerca; spesso anche il riferimento al sesso, a meno che non sia indispensabile per comprendere l'informazione che si trasmette, può essere considerato inopportuno o addirittura offensivo.

Ora è evidente che questo tipo di atteggiamento rappresenta un indubbio progresso rispetto ai tempi in cui l'appartenenza etnica o di genere o di qualsiasi altra specie finiva per essere considerata come il principale se non l'unico criterio di valutazione delle persone; ed è dunque comprensibile che ci si impegni a ridurre il peso di queste valutazioni aumentando invece quello delle caratteristiche personali degli individui. Ma si è potuto verificare che, soprattutto nel campo dell'integrazione scolastica dove il principio è stato applicato con maggiore rigore, i risultati sono stati di molto inferiori alle attese, e si è dovuto concludere che questa strategia, la quale è in pratica una versione aggiornata della prospettiva della fusione di cui si è detto prima, presenta alcune difficoltà di non poco conto.

Innanzitutto occorre ricordare che il confronto fra le diverse appartenenze non avviene di solito su un piano di parità; quasi sempre la minoranza si trova in una posizione sociale inferiore, il che spesso si traduce in difficoltà di adattamento e di rendimento, e il trattamento totalmente egualitario finisce per ratificare tale inferiorità, in quanto non tiene conto della storia personale e dell'origine delle eventuali insufficienze dei singoli. Anche a prescindere poi dalle valutazioni sul rendimento, sono proprio le differenze di tipo «qualitativo» fra gli individui (in termini di cultura, stili di pensiero, modelli di vita) che non ricevono il giusto spazio: il trattamento uniforme, infatti, non può che essere corrispondente al modo di vita maggioritario, e questa prospettiva, come in definitiva succedeva anche nel caso del *melting pot* di inizio secolo, finisce in realtà per tradursi in una richiesta di assimilazione, con la quale le minoranze vengono in pratica private del loro diritto alla differenza. Inoltre, ricordando quello che abbiamo appena detto a proposito delle condizioni ideali nelle quali il contatto può avere effetti positivi, si deve notare che un'interazione che ignori del tutto le differenze ha lo svantaggio di non fornire ai soggetti un adeguato quadro interpretativo per le differenze stesse, le quali appariranno evidenti comunque e tenderanno a essere spiegate con riferimento agli stereotipi disponibili.

Ma soprattutto questo tipo di impostazione, come tutte quelle che puntano al dissolvimento totale delle barriere e delle differenze, non tiene conto del fatto che l'individuo ha di fatto bisogno di riconoscersi in un sistema di appartenenze, il quale implica non solo una valorizzazione positiva delle proprie radici e della propria cultura, ma anche un confronto sistematico con gli altri gruppi. Basti osservare il fatto che la nostra vita quotidiana di fatto si svolge in un intreccio di appartenenze, dalle più significative alle più banali; e dunque non solo la religione, la nazione, il partito politico, la famiglia, il sesso, la categoria professionale; ma anche il quartiere di residenza, la squadra di calcio preferita, o addirittura il possesso e la preferenza di un tipo di automobile o di computer possono diventare elementi di riconoscimento e di appartenenza. Per questo motivo gli interventi che puntino a disconoscere completamente un elemento di differenza altamente significativo come l'appartenenza etnica e culturale sono destinati ad avere scarsa efficacia.

Una soluzione migliore invece, certo non semplice da realizzare, è quella di perseguire insieme sia l'obiettivo della pariteticità che quello del rispetto della differenza. Occorre in pratica trovare il modo di garantire a ciascuno il mantenimento e la visibilità delle proprie appartenenze, e anche una possibilità di valorizzazione della differenza nel confronto con gli altri, il tutto però senza che il confronto stesso degeneri in ostilità e in scontro. Una strada può essere quella di individuare diverse dimensioni lungo le quali effettuare il confronto: ciascuno riconosce che il proprio gruppo è migliore solo in alcuni aspetti mentre l'altro gruppo è superiore in altri aspetti che non entrano in conflitto con i primi. Ma certamente il requisito primo per questa come per altre possibili strategie di convivenza è una complessiva disponibilità alla tolleranza, cioè la convinzione che sia non solo possibile ma anche giusto e produttivo per tutti che esistano differenti modi di essere e di vedere il mondo.

Un ulteriore vantaggio di questo tipo di strategia ai fini di un miglioramento complessivo delle relazioni tra gruppi consiste nella più ampia generalizzabilità delle esperienze positive che si siano eventualmente realizzate nell'interazione con i diversi. Infatti un problema che si verifica spesso e per il quale il contatto manca di raggiungere gli effetti sperati in termini di riduzione dei pregiudizi è il fatto che si tende in qualche modo a circoscrivere l'esperienza positiva, considerando le persone con cui si è interagito come delle eccezioni rispetto al loro gruppo. In pratica si spiegano le buone esperienze vissute con riferimento a particolari (e migliori) caratteristiche dei singoli che si sono incontrati, lasciando inalterato lo stereotipo negativo e il livello di ostilità o di discriminazione nei confronti del gruppo nel suo insieme. Questo processo è favorito nelle situazioni in cui non sia sufficientemente esplicita e visibile l'appartenenza, o nelle quali si faccia una distinzione fra i tratti che sono all'origine dell'esperienza positiva e quelli che invece costituiscono l'immagine del gruppo. Invece quando l'appartenenza sia chiaramente marcata, e soprattutto allorché si punti a valorizzare come positivi non i tratti che differenziano il singolo dal suo gruppo ma proprio quelli che ne costituiscono il patrimonio culturale, si potrà avere il massimo di generalizzazione dell'esperienza positiva e dunque una riduzione del pregiudizio e un miglioramento delle relazioni tra i gruppi.

Conclusione
Stereotipi e pregiudizi: l'azione congiunta di tre fattori

Richiamando il percorso interpretativo che abbiamo proposto, possiamo dire, in definitiva, che gli stereotipi, i pregiudizi e l'ostilità nei confronti dei diversi derivano la loro forza dall'azione congiunta di almeno tre fattori. Il primo sono le caratteristiche e i limiti propri del sistema cognitivo, il quale ha da un lato la necessità di semplificare la realtà e dall'altro l'esigenza di avere comunque delle aspettative nei confronti delle persone e circa lo sviluppo degli eventi. Il secondo è il bisogno di appartenenza, a sua volta miscuglio di motivazioni biologiche, psicosociali e culturali, che ci spinge con forza a riconoscerci in gruppi di nostri simili e a nutrire un'avversione apparentemente spontanea e «naturale» verso coloro che non condividono la nostra cultura e le nostre appartenenze. Il terzo sono le ragioni di tipo storico e sociale che di volta in volta definiscono la posizione e le funzioni di ciascun gruppo minoritario e lo stato complessivo dei rapporti tra i gruppi in una determinata società, nonché la situazione delle relazioni interetniche e internazionali.

Abbiamo cercato di mostrare come tali fattori agiscano in maniera integrata, tanto che è spesso difficile distinguerli; e soprattutto abbiamo cercato di sostenere l'idea che nessuno di essi possa essere invocato a rendere conto da solo della complessità dei fenomeni presi in esame, e che anche le strategie operative vadano progettate come integrazione di interventi a diversi livelli. Ciò vale in special modo nel rapporto tra il livello che abbiamo definito storico-sociale e quello più propriamente psicoculturale: è evidente che qualsiasi intervento centrato sulla modifica degli stereotipi, sull'aumento della conoscenza reciproca, della cooperazione e della tolleranza, sulla comprensione dei vantaggi del pluralismo culturale, e così via non potrà che fallire in presenza di condizioni strutturali di antagonismo e di ostilità per così dire «istituzionalizzata»; e dunque occorre in primo luogo adoperarsi per individuare e rimuovere (o quanto meno attenuare) tali cause di tipo strutturale. Ma è importante comprendere che questi fenomeni possiedono anche una loro natura di tipo psicosociale, la quale costituisce il modo concreto in cui essi nascono, si riproducono e assumono una parte rilevante nella vita quotidiana degli individui; sicché anche gli interventi di livello socioistituzionale sono destinati al fallimento se non tengono conto di tali dinamiche assecondandole nella maniera giusta.

Per saperne di più

Indichiamo alcuni testi in italiano sui quali possono essere approfonditi gli argomenti trattati in questo volume.

Segnaliamo innanzitutto che sono disponibili le traduzioni di molti degli studi che sono stati citati, alcuni dei quali divenuti ormai dei classici. Fra questi *La personalità autoritaria*, di Theodor W. Adorno e altri (Edizioni di Comunità, 1963), la celebre ricerca che individuò questa particolare «sindrome di personalità» alla base non solo dell'antisemitismo ma anche di molte altre forme di intolleranza e di ostilità nei confronti dei diversi. Disponibile è anche la traduzione, con il titolo *Pigmalione in classe* (Angeli, 1972) dei celebri studi di R. Rosenthal e L. Jacobson sull'autoadempimento delle profezie in ambito scolastico. Ma senz'altro il classico più importante è il volume di Gordon W. Allport, *La natura del pregiudizio* (La Nuova Italia, 1973), che ha posto le basi del moderno approccio cognitivo al pregiudizio, individuandone la causa nella esasperazione dei processi ordinari di semplificazione e classificazione del mondo.

Più centrati sulla dimensione sociale sono i lavori dei coniugi Sherif, riepilogati in *L'interazione sociale* di M. Sherif (Il Mulino, 1972), che costituiscono il punto di partenza per lo studio psicosociale delle relazioni tra gruppi. La dimensione più matura di questo filone di studi, in accordo anche con i successivi sviluppi della psicologia cognitiva, è rappresentata dai contributi di H. Tajfel, molti dei quali disponibili nel suo volume *Gruppi umani e categorie sociali* (Il Mulino, 1985). Il suo lavoro può ritenersi fondamentale per il ruolo che viene assegnato, nella genesi e nella riproduzione di pregiudizi e stereotipi, ai processi di identità sociale, e soprattutto per l'approfondimento dell'interazione fra dinamiche psicologiche dell'individuo e dinamiche di relazioni tra i gruppi. Panoramiche recenti sugli sviluppi di questa prospettiva si possono trovare in *Psicologia sociale dei gruppi* di R. Brown (Il Mulino, 1990) e in *Processi simbolici e dinamiche sociali* di A. Palmonari (Il Mulino, 1995[2]).

Per introduzioni generali al tema del pregiudizio si possono vedere i volumi di T. Tentori, *Il rischio della certezza. Pregiudizio, potere, cultura* (Studium, 1987), che approfondisce in particolare la prospettiva antropologica, e P. Calegari, *Il muro del pregiudizio. Letture in tema di ecologia della mente* (Liguori, 1994), nel quale la prospettiva psicologica e psicosociale viene utilmente confrontata e integrata con i risultati della riflessione filosofica non solo occidentale. Nel mio *Appartenenza e pregiudizio. Psicologia sociale delle relazioni interetniche* (La Nuova Italia Scientifica, 1996), il pregiudizio viene presentato come espressione di una più generale «ostilità da appartenenza» e si propone un inquadramento dei risultati della psicologia sociale nel più vasto ambito delle scienze umane; in quel testo sono peraltro reperibili i riferimenti bibliografici dettagliati di gran parte degli studi ai quali si è fatto riferimento in questo volume. Consiglierei inoltre due libri che riguardano in modo specifico la riproduzione degli stereotipi e dei pregiudizi nella comunicazione sociale; si tratta di *Gli stereotipi e l'agire umano*, di A. Schaff (Adriatica, 1987) e di *Ideologia e opinioni*, di M. Billig (Laterza, 1995).

Analisi di ampio respiro anche storico sul razzismo e sul rapporto con l'Altro si trovano in P.A. Taguieff, *La forza del pregiudizio. Saggio sul razzismo e sull'antirazzismo* (Il Mulino, 1994) e in T. Todorov, *Noi e gli altri. La riflessione francese sulla diversità umana* (Einaudi, 1991), nei quali il tema del pregiudizio viene approfondito alla luce più generale della storia delle idee e dello sviluppo della cultura europea. Sulla genesi e sul significato storico dell'idea di razza il classico da consigliare è M.F.A. Montagu, *La razza. Analisi di un mito* (Einaudi, 1966), mentre per quanto riguarda in particolare l'antisemitismo e lo sterminio degli ebrei si può vedere il bel libro di G. Mosse, *Il razzismo in Europa. Dalle origini all'Olocausto* (Laterza, 1985).

Fra i molti saggi che esaminano il pregiudizio e il razzismo da una prospettiva di tipo più marcatamente sociologico segnalo M. Wieviorka, *Lo spazio del razzismo* (Il Saggiatore, 1993) nel quale si esaminano i meccanismi sociali di produzione del razzismo e le diverse forme anche sottili in cui esso si manifesta. Con particolare riferimento alla situazione italiana ed europea a seguito dei recenti processi di immigrazione sono interessanti i due volumi di L. Balbo e L. Manconi, *I razzismi possibili* (Feltrinelli, 1990) e *I razzismi reali* (Feltrinelli, 1992), e quello curato da M.I. Macioti, *Per una società multiculturale* (Liguori, 1995[2]) che raccoglie i risultati di numerosi studi sull'immigrazione in diversi contesti italiani. Il volume dell'Ires, *Rumore. Atteggiamenti verso gli immigrati stranieri* (Rosenberg & Sellier, 1992) riporta i risultati di una importante ricerca svolta in Piemonte su un ampio campione di popolazione e finalizzata a rilevare gli atteggiamenti nei confronti degli immigrati a diversi livelli di profondità; mentre il libro di M. Delle Donne, *Lo specchio del «non sé». Chi siamo, come siamo nel giudizio dell'Altro* (Liguori, 1994), ribalta in qualche modo l'ottica, riportando i risultati di una ricerca su come gli immigrati di diverse culture vedono i nostri modi di vita e i nostri valori.

Finito di stampare nel mese di aprile 1997
dalla Litosei, via Bellini 22/4, Rastignano, Bologna